Coleção
Biblioteca
do Maçom

Roberto Aguilar M. S. Silva

A Maçonaria Anarquista

Editora Maçônica "A TROLHA" Ltda.

EDITORA MAÇÔNICA
A TROLHA

ROBERTO AGUILAR MACHADO SANTOS SILVA

A Maçonaria Anarquista

Editora Maçônica "A TROLHA" Ltda.
Rua Castro Alves, 835 – Jd. Shangri-lá A – Fone (43) 3337-1982
Fax (43) 3326-0915 – Cx. Postal 238
CEP 86001-970 – Londrina – PR

Londrina, fevereiro de 2014

Todos os direitos desta edição são reservados à
EDITORA MAÇÔNICA "A TROLHA" LTDA.
Rua Castro Alves, 835 – Jd. Shangri-lá A
86070-670 – Londrina – PR
Cx. Postal 238 – CEP 86001-970
Fone (43) **3337-1982** – Fax (43) **3326-0915**
Site: www.atrolha.com.br
E-mail: redacao@atrolha.com.br

Coordenação Geral:
Conselho Editorial

1ª Edição:
2014

Tiragem:
1.600 exemplares

Projeto Gráfico e Diagramação:
Maristela Meneghetti

Capa:
Ulisses Candreva

Revisão:
Maria Christina Ribeiro Boni

Impressão e acabamento:
Midiograf Gráfica e Editora

Obediência: *Grande Oriente do Rio Grande do Sul*

Dados Internacionais de Catalogação na Publicação (CIP-Brasil)
CATALOGAÇÃO NA FONTE

S586m

Silva, Roberto Aguilar Machado Santos.
A maçonaria anarquista/ Roberto Aguilar M. S. Silva. -- 1ª ed. -- Londrina: Ed. Maçônica "A TROLHA", 2014.
192p.; il.; 14,21 cm. -- (Biblioteca do Maçom).

ISBN: 978-85-7252-322-6

1. Filosofia política. 2. Anarquismo – História. 3. Anarquismo e anarquistas. 4. Maçonaria – Anarquistas. 5. História Social – Anarquistas. I. Título. II. Série.

CDD 320
CDU 321.01

Índices para Catálogo Sistemático:

1. Filosofia política.
321.01 (CDU)
2. Anarquismo – História.
329.285 (CDU)
3. Anarquismo e anarquistas.
329.285 (CDU)
4. Maçonaria – Anarquistas.
061.236:329.285 (CDU)
5. História Social – Anarquistas.
930.1 (CDU)

Sumário

Prefácio

O Irmão Roberto Aguilar Machado Santos Silva foi membro da Academia Maçônica de Letras de Mato Grosso do Sul e é um Maçom dedicado ao estudo dos diferentes aspectos históricos que envolvem a Ordem nesses dois últimos séculos. Pesquisador contumaz e minucioso, vem nos apresentando, ao longo dos anos, memoráveis trabalhos onde expõe fatos conhecidos e outros nem tanto. Sempre primando pela exatidão dos eventos, agrega elementos históricos profanos com fatos e atos de caráter Maçônico perpetrados ao longo dos acontecimentos. Nesta obra "A Maçonaria Anarquista", além de detalhar aspectos filosóficos e sociais dos movimentos libertários, esmiúça a semântica referente ao anarquismo. Como coloca, o princípio anarquista está centrado na falta de ordem essencialmente, conduzindo a uma sociedade fundada sobre o livre e voluntário acordo, na qual ninguém possa impor sua vontade a outrem, onde todos possam fazer como bem entenderem e concorrer voluntariamente para o bem-estar geral. Esse tipo de pensamento não difere, na essência, de outros movimentos sociais surgidos nos séculos XVIII e XIX, e está na base do positivismo e do cooperativismo. Na decorrência, uma segunda parte da obra traça paralelos entre a Carbonária e a Maçonaria, seus expoentes e as ações desencadeadas pelos mesmos. A obra do Irmão Roberto se constitui em informação indispensável a todos os que procuram entender a formação e a consolidação do Ideário Maçônico, especialmente os do século XIX, colocada de forma clara e concisa.

Irm∴ Claudio Alfredo Konrat M∴ I∴
Ex-Venerável Mestre da B∴ A∴ R∴ L∴ S∴ "Farol Guia das Missões, 69" (Rito Schröder) GLMERS
R∴ E∴ A∴ A∴ 33° (Supremo Conselho do Grau 33 do Rito Escocês Antigo e Aceito para a República Federativa do Brasil)

Apresentação dos Editores

O movimento anarquista instigado pelos ideais da Revolução Francesa, contra a lógica opressora da propriedade privada e do capitalismo, débeis no início foram se fortalecendo com as definições políticas no Leste Europeu no início do Século XX. Às novas gerações coube a expansão destas ideologias em nível mundial, quando passaram a conjugar teoria e prática mediando essa relação para a coletividade.

As raízes teóricas plantadas por Proudhon, Bakunin, Reclus, Kropotkin, Francisco Ferrer i Guardia, Errico Malatesta, dentre outros, se espalharam rapidamente gerando debates e internacionalizando o movimento anarquista, que devido a sua formação pedagógica sempre concentrou esforços no sentido de fazer valer sua filosofia política dentro do plano educacional, não medindo esforços para transformar em realidade a ideia de uma escola de fundamentação ácrata, chamada "Escola Moderna", ideal este difundido por diversos países, entre eles o Brasil.

Como percebido em outros movimentos filosóficos ou libertários, muitos dos líderes do Movimento Anarquista pertenceram à Maçonaria, que se sabe que desde a sua origem reuniu livres pensadores. E para estas pessoas que visualizavam a realização da sua ideologia através da educação e com um forte ideário pautado no positivismo, a Maçonaria também os atraiu.

Inovador e pioneiro, o autor e Maçom ***Roberto Aguilar Machado Santos Silva*** *preenche algumas lacunas na história da*

Maçonaria, ao tecer pequenas biografias de Anarquistas Maçons como: Sébastien Faure, Reclus, Jules Vallès, Anselmo Lorenzo, Farga Pellicer, Francisco Ferrer i Guardia, Eleuterio Quintanilla, Avelino González Mallada, Avelino González García, Ramada Curto, Emílio Martins Costa, Adelino de Figueiredo Lima, Sebastião de Magalhães Lima, Bernardino Machado, François Claudius Koënigstein e outros; ao mesmo tempo em que descreve as motivações e idealizações deste importante Movimento surgido na Rússia e expandido internacionalmente, assim como os seus desdobramentos na área política e intelectual brasileira no início do Século XX.

Londrina, dezembro de 2013.
Os Editores

Breve História do Anarquismo

> *O anarquismo nasceu da revolta moral contra as injustiças sociais. Quando apareceram homens que se sentiram sufocados pelo ambiente social em que eram obrigados a viver, que sentiram a dor dos demais como se ela fosse a sua própria, e quando estes homens se convenceram de que boa parte do sofrimento humano não é consequência inevitável das leis naturais ou sobrenaturais inexoráveis, mas, ao contrário, que deriva de realidades sociais dependentes da vontade humana e que podem ser eliminados pelo esforço humano, abria-se então o caminho que deveria conduzir ao anarquismo.*
>
> **Errico Malatesta**[1]

Anarquismo (do grego ἄναρχος, transl. *anarkhos*, que significa "sem governantes", a partir do prefixo ἀν-, *an-*, "sem" + ἄρχή, *arkhê*, "soberania, reino, magistratura"+ o sufixo -ισμός, *-ismós*, da raiz verbal -ιζειν, *-izein*) é uma filosofia política que engloba teorias, métodos e ações que objetivam a eliminação total de todas as formas de governo compulsório. De um modo geral, anarquistas são contra qualquer tipo de ordem hierárquica *que não seja livremente aceita* e, assim, preconizam os tipos de organizações libertárias.

[1] Errico Malatesta (Santa Maria Capua Vetere, 14 de dezembro de 1853 – Roma, 22 de julho de 1932) foi um teórico e ativista anarquista italiano.

Anarquia significa *ausência de coerção* e não a *ausência de ordem*. A noção equivocada de que anarquia é sinônimo de caos se popularizou entre o fim do século XIX e o início do século XX, através dos meios de comunicação e de propaganda patronais, mantidos por instituições políticas e religiosas. Nesse período, em razão do grau elevado de organização dos segmentos operários, de fundo libertário, surgiram inúmeras campanhas antianarquistas. Outro equívoco banal é se considerar anarquia como sendo a ausência de laços de solidariedade (indiferença) entre os homens. À ausência de ordem – ideia externa aos princípios anarquistas –, dá-se o nome de "anomia".

Anomia[2]

CONCEITO

A palavra tem origem grega e vem de *a* + *nomos*, donde *a* significa ausência, falta, privação, inexistência; e *nomos* quer dizer lei, norma. Etimologicamente, portanto, anomia significa falta de lei ou ausência de norma de conduta. Foi com esse entendimento que Durkheim usou a palavra pela primeira vez, em seu famoso estudo sobre a divisão do trabalho social, num esforço para explicar certos fenômenos que ocorrem na sociedade. Depois dele diversos autores têm abordado o conceito com variações quanto ao seu exato entendimento, segundo o qual o termo tem sido empregado com três significados diferentes, a saber:

1) desorganização pessoal do tipo que resulta em um indivíduo desorientado ou fora da lei, com reduzida vinculação à rigidez da estrutura social ou à natureza de suas normas;
2) conflito de normas, o que resulta em situações sociais que acarretam para o indivíduo dificuldades em seus esforços para conformar às exigências contraditórias.
3) ausência de norma, ou seja, situação social que, em seus casos limítrofes, não contém normas; e, em consequência, o contrário de sociedade, como anarquia é o contrário de governo.

Entendemos, todavia, que sociologicamente, a palavra pode ser usada em um quarto sentido, que é a síntese, ou pelo menos guarda perfeita correlação com os três primeiros, eis que em qualquer das variações do significado de anomia está presente a ideia da falta ou abandono das normas sociais de comportamento. Assim sendo, pode-se afirmar que a anomia indica desvio de comportamento,

[2] NETO, J. L. A. *Anomia*. http://www.webartigos.com/articles/3730/1/Anomia/pagina1.html#ixzz0rCyRSBML

que pode ocorrer por ausência de lei, conflito de normas, ou ainda desorganização pessoal.

CAUSAS DE COMPORTAMENTO ANÔMICO (OU DE DESVIO)

Em qualquer sociedade do mundo, por mais eficientes que sejam as suas normas de conduta e bem estruturadas e aparelhadas as suas instituições jurídicas, vamos encontrar comportamento de desvio, como um verdadeiro fenômeno universal. Pode variar de intensidade – em uma sociedade vamos encontrar maior incidência de comportamento anômico que em outra; vamos encontrar em algumas maior incidência de um tipo de desvio – mas o fenômeno sempre existirá. Se as leis são boas, bem elaboradas, adequadas aos interesses sociais e se as instituições destinadas a manter a ordem jurídica são eficientes e bem estruturadas, em princípio não deveria ocorrer comportamento de desvio. Todos deveriam estar empenhados em manter um comportamento em harmonia com as normas de conduta social, de sorte a não existir desvio.

Muitos sociólogos têm se empenhado em encontrar as causas do comportamento anômico, existindo a respeito várias teorias. Antes de qualquer coisa, entretanto, é necessário distinguir *causa* de *fator*, coisas diferentes, mas que por muitos são confundidas. Por *causa* entende-se aquilo que determina a existência de uma coisa: a circunstância sem a qual o fenômeno não existe. É, portanto, o agente causador do fenômeno social, sua origem, princípio, motivo ou razão de ser. Eliminada a causa, o fenômeno haverá de desaparecer. Por outro lado o *fator*, embora não dê causa ao fenômeno, concorre para sua maior ou menor incidência. É a circunstância que, de qualquer forma, concorre para o resultado. Pode-se dizer, por exemplo, que a pobreza, a miséria, é um fator de incidência da criminalidade, porque, segundo as estatísticas, 90% ou mais da população carcerária é constituída de pessoas provenientes das classes sociais mais humildes. Mas não é certamente a causa de conduta delituosa, porque há um número muito grande de pessoas pobres que não delínquem.

Pode-se dizer, igualmente, que o analfabetismo, a ignorância, é outro fator de criminalidade, pois na mesma população presidiária encontramos 85% de analfabetos ou portadores apenas de instrução primária. Mas não é causa de criminalidade, porque há milhões de analfabetos no Brasil que não enveredaram pelos caminhos do crime. Como já ficou dito, preocupa-se o estudo da anomia, com as causas, e não simplesmente com os fatores que são inúmeros, mesmo porque de quase nada adianta combater os fatores sem eliminar as causas. É tentar secar a árvore daninha arrancando-lhe simplesmente as folhas, sem cortar-lhe a raiz.

O PENSAMENTO DE DURKHEIM[3] SOBRE A ANOMIA

Em seu famoso livro – *A Divisão do Trabalho Social* – Durkheim, que foi o primeiro a usar a palavra "anomia" numa tentativa de explicação de certos fenômenos sociais, assim desenvolveu seu pensamento.

a) a sociedade moderna, para poder atingir os seus fins, inclusive de produção e sobrevivência, precisa organizar-se;
b) organização impõe divisão de trabalho ou tarefas;
c) a divisão de tarefas produz especialização;
d) a especialização ocasiona isolamento dentro do grupo, motivando, por sua vez, um enfraquecimento do espírito de solidariedade do grupo global;
e) o enfraquecimento desse espírito de solidariedade acarreta

[3] Émile Durkheim (Épinal, 15 de abril de 1858 – Paris, 15 de novembro de 1917) é considerado um dos pais da sociologia moderna. Durkheim foi o fundador da escola francesa de sociologia, posterior a Marx, que combinava a pesquisa empírica com a teoria sociológica. É amplamente reconhecido como um dos melhores teóricos do conceito da coesão social.

uma influência dissolvente e, por via de consequência, o comportamento de desvio.

Para o eminente sociólogo francês, portanto, desde que a divisão do trabalho social supera um grau de desenvolvimento, o indivíduo, debruçado sobre suas tarefas, isola-se em sua atividade especial, não mais sentindo a presença dos colaboradores que trabalhavam a seu lado na mesma obra, perdendo mesmo, a partir de um certo ponto, a ideia dessa obra comum. Durkheim invocou as palavras de Comte[4] no sentido de que as separações das funções sociais tendem espontaneamente, ao lado de um desenvolvimento favorável do espírito de minúcia, a abafar o espírito de conjunto, ou pelo menos a entravar seriamente o seu desenvolvimento. O pensamento de Durkheim, embora criticado por alguns, não deixa de possuir certa razão, principalmente no que diz respeito às sociedades superdesenvolvidas e por isso mesmo superorganizadas. Nessas sociedades é visível que, ao lado das inegáveis vantagens que a divisão do trabalho representa como recurso imposto pela própria complexidade crescente da vida social, tal divisão transforma-se numa fonte de desintegração ao provocar as especializações dos indivíduos. Especialista, como disse alguém, é aquele que sabe cada vez mais de cada vez menos. À medida que o indivíduo aprofunda os seus conhecimentos, diminui-lhe a extensão ou amplitude e isso se tornou uma necessidade, uma exigência, em face da vastidão do saber moderno. Foi-se o tempo em que era possível saber de tudo, como os sábios da Grécia. Hoje o saber humano é dividido em várias áreas ou ciências, e em cada ciência há inúmeras especialidades. O mesmo ocorre com a atividade humana. Há diversas e diferentes profissões e em cada profissão inúmeras especializações. Não há mais lugar em nossos dias, profissionalmente falando,

[4] Isidore Auguste Marie François Xavier Comte (Montpellier, 19 de janeiro de 1798 — Paris, 5 de setembro de 1857) foi um filósofo francês, fundador da Sociologia e do Positivismo.

para o indivíduo que é "pau para toda obra", que "toca sete instrumentos" etc. É preciso cada vez mais, como uma contingência social, saber muito bem fazer determinada coisa, para se poder competir no mercado de trabalho. A especialização, entretanto, forçoso é reconhecer, limita a visão social do indivíduo, fazendo-o perder a visão global ou de conjunto da atividade social. Com essa perda de visão da obra comum e do seu sentido, ocorre também o enfraquecimento do sentimento de solidariedade grupal. O indivíduo se isola dentro do grupo, e se junta a outros indivíduos de sua especialidade formando grupos menores, às vezes até com interesses rivais aos interesses do grupo geral. Isso é facilmente constatado nas sociedades superdesenvolvidas dos nossos dias. Pessoas que vão do Brasil, em visita ou a trabalho, a certos países da Europa ou mesmo aos Estados Unidos, queixam-se da frieza, da falta de solidariedade e calor humano que lá sentiram. Até mesmo entre nós isso pode ser constatado, comparando-se a vida do interior com a de uma grande cidade. Numa cidadezinha do interior, todo mundo conhece e sabe de todo mundo. Todos se preocupam com todos e estão prontos para se auxiliarem mutuamente. Há calor humano, espírito de solidariedade etc. Ao passo que numa grande cidade ninguém sabe de ninguém, e cada qual corre atrás de seus próprios interesses. Somos capazes de morar muitos anos em um mesmo prédio e não conhecermos o vizinho que mora ao lado ou de cima. Pior ainda é que fazemos até questão de não saber quem é. Se a tese de Durkheim apresenta muitos pontos verdadeiros no que diz respeito às sociedades superdesenvolvidas, não é verdade no que se refere às sociedades subdesenvolvidas, onde se observa que o maior índice de desvio, principalmente no que concerne à criminalidade, verifica-se justamente entre os menos especializados ou mesmo sem nenhuma especialização; por esta razão a tese foi contestada e deixada de lado por muitos, em face da máxima de Robert King Merton.

O PENSAMENTO DE MERTON[5] SOBRE A ANOMIA

Em 1938, Robert K. Merton, sociólogo americano, escreveu um artigo famoso de apenas dez páginas, que teve o mérito de estabelecer os fundamentos de uma teoria geral da anomia. O artigo foi posteriormente revisto e transformado pelo autor em sua obra clássica *Teoria e Estrutura Sociais*. Partindo de uma análise da sociedade americana, Merton sustentou que em toda sociedade existem metas culturais a serem alcançadas, entendendo-se como tais os valores socioculturais que norteiam a vida dos indivíduos. Para atingir essas metas existem os meios, que são os recursos institucionalizados pela sociedade, aos quais aderem normas de comportamento. De um lado, metas socioculturais, de outro, meios socialmente prescritos para atingi-las. Ocorre, no entanto, que os meios existentes não são suficientes nem estão ao alcance de todos, acarretando, assim, um desequilíbrio entre os meios e os objetivos a serem atingidos. Isso quer dizer que, enquanto todos são insistentemente estimulados a alcançar as metas sociais, na realidade apenas alguns poucos conseguem, por ter ao seu dispor os meios institucionalizados. Merton ilustra isso tomando como exemplo a meta mais importante da sociedade americana, sendo o sucesso na vida, nisto incluindo fortuna, poder, prestígio e popularidade. Mas quantos realmente têm condições para atingir essa meta? Apesar de fundada em objetivo da vida de todos, muito poucos podem alcançá-la em face da escassez dos meios institucionalizados, concentrados nas mãos de pequena parcela da sociedade. Disso resulta um desajustamento, um descompasso entre os fins sugeridos a todos e insistentemente estimulados, e os recursos oferecidos pela sociedade

[5] Robert King Merton, nascido Meyer R. Schkolnick (Filadélfia, 5 de julho de 1910 – Nova Iorque, 23 de fevereiro de 2003), foi um sociólogo norte-americano. É considerado um teórico fundamental da burocracia, da sociologia da ciência e da comunicação de massa. Passou a maior parte de sua vida acadêmica ensinando na Universidade Columbia.

para alcançar aqueles objetivos. Esse desequilíbrio entre os meios e as metas ocasionaria o comportamento de desvio individual (ou em grupo), pois o indivíduo, no empenho de alcançar as metas que lhe foram sugeridas e não dispondo de meios para tal, buscaria outros meios, mesmo que contrários aos interesses sociais.

TIPOS DE COMPORTAMENTO IDENTIFICADOS POR MERTON

1) conformista;
2) inovacionista;
3) ritualista;
4) de evasão;
5) de rebelião.

Conformista é a conduta que busca atingir as metas sociais através dos meios institucionalizados. Os adeptos desse comportamento estão de acordo com os meios e as metas sociais, respeitando assim as normas fixadas pela sociedade, podendo-se dizer a respeito deles que são positivos (+) quanto aos meios e também quanto às metas. É a conduta seguida pela grande maioria das pessoas na sociedade, inclusive pelos estudantes em geral, que buscam adquirir cultura etc. através do estudo regular. *Inovacionista* é a conduta que está de acordo com as metas sociais, porém, percebendo que os meios são insuficientes e não estão ao seu alcance, inova, buscando realizar as metas através de outros meios. Em outras palavras, o inovacionista está de acordo com as metas sociais, sendo positivo (+) quanto a elas, mas está contra os meios, sendo, portanto, negativo (-) neste ponto. Os inovacionistas adotam a teoria de que os fins justificam os meios, ainda que não sejam socialmente aprovados. Procuram vencer na vida sem fazer força. *Ritualista* é aquele que se conduz de forma justamente inversa ao inovacionista. Percebendo que as metas sociais são muito elevadas e os meios existentes insuficientes para atingi-las, o ritualista abdica das metas, apegando-se aos meios com tal importância que os transforma em fins. Há aqui uma verdadeira inversão de valores, pois as metas perdem a sua importância passando os meios para o primeiro plano. As normas de comportamento social são cumpridas pelo ritualista a todo preço e em qualquer circunstância, porque encontram nelas uma forma de realização pessoal, ainda que já estejam totalmente vazias de sentido, significado ou interesse social. É o caso de certas pessoas que se gabam de terem servido 30 ou mais anos na mesma repartição, nunca havendo se atrasado ou faltado ao serviço; porém, por outro lado, nada mudou por lá, nem se registrou nenhum progresso funcional nem sucesso em sua vida. O ritualista, portanto, abandona as metas, perde de vista os fins, os objetivos, os valores sociais, e se apega às normas como se fossem sagradas, imutáveis, fazendo delas fins. E ainda que elas já estejam velhas, arcaicas, ultrapassadas, destituídas de qualquer valor ou utilidade social, continua a aplicá-las ou a observá-las como se nada houvesse mudado na sociedade, embora se encontre esta numa outra era, a mais de duzentos quilômetros por hora. Pode-se apresentar o ritualista como sendo positivo (+) quanto aos meios, mas negativo (-) quanto às metas. *Comportamento de evasão* é aquele que se caracteriza pelo fato de abandonar as metas e os meios sociais. É negativo (-) quanto às metas e negativo (-) quanto aos meios. Percebendo que as metas sociais são muito elevadas e os meios, escassos, foge da sociedade, renunciando a tudo que ela oferece ou determina. Como acentuou Merton, os adeptos deste comportamento estão na sociedade, mas não são dela; vivem no meio social, mas a ele não aderem, ou dele retiram a adesão antes dada. Exemplo típico desse comportamento é o dos hippies, que consideram todos os valores sociais irrelevantes ou incapazes de realizar o bem-estar social.

Tal como na evasão, o *comportamento de rebelião* também está contra as metas e os meios sociais, podendo ser caracterizado como sendo negativo (-) quanto aos meios e negativo (-) quanto às metas. Não para, porém, aí a inconformidade do comportamento de rebelião. Ao mesmo tempo que se opõe às metas e aos meios sociais por julgá-los excessivamente elevados e insuficientes, propõe estabelecimento de novas metas com a institucionalização de novos meios, razão pela qual ao mesmo tempo que é negativo (-) quanto às metas e meios, é também positivo (+). O propósito do comportamento de rebelião, portanto, é a derrubada dos meios e metas existentes, e o estabelecimento de novas metas, mais simples e ao alcance de todos, bem como de novos meios, mais abundantes e melhor distribuídos na sociedade. Objetiva, em síntese, uma nova estrutura social. Faremos, a seguir, o quadro de classificação dos tipos de comportamento atrás descritos, usando os próprios símbolos de positivo (+) e negativo (-) utilizados por Merton.

TIPOS DE COMPORTAMENTO

MEIOS / METAS

1) conformista (+)(+)
2) inovacionista (-)(+)
3) ritualista (+)(-)
4) de evasão (-)(-)
5) de rebelião (-)(-) (+)(+)

COMPORTAMENTOS DE DESVIO

O primeiro comportamento, o *conformista*, não é de desvio, uma vez que os seus adeptos buscam as metas culturalmente prescritas através dos meios institucionalizados para atingi-las e com respeito habitual às normas para isso fixadas pela sociedade. É o tipo modal de comportamento, graças ao intenso condicionamento social exercido sobre o indivíduo, em especial nos grupos familiar e profissional. Já os outros quatro tipos de comportamento são não modais, contrários, de algum modo, aos padrões de metas culturais e meios institucionalizados para atingi-las: portanto, comportamento de desvio. O *ritualista* se caracteriza como comportamento de desvio por apresentar abandono das metas sociais e inversão de valores quanto aos meios que são elevados ao primeiro plano. O indivíduo abandona e virtualmente rejeita os alvos estabelecidos pela sociedade em razão do fracasso efetivo ou em potencial, do medo do insucesso, do desencanto de desestímulo decorrente do desajuste entre os processos socialmente aprovados para alcançar as metas culturais. Enfim, por julgá-los inatingíveis, os fins sociais perdem a sua importância. A conduta ritualista passa a ser um valor em si mesmo, pois o cumprimento dos ritos estabelecidos pelos processos institucionalizantes adquire a dimensão e a importância de valor sociocultural. Cumprir de qualquer maneira os regulamentos ou as ordens recebidas, sem indagar da sua adequação àqueles valores e àquelas metas, é assim a conduta observada. O ritualista torna-se grandemente prejudicial à sociedade quando se trata do comportamento adotado pelos homens públicos (administradores, legisladores etc.), que se recusam a fazer mudanças ou reformas sociais necessárias, mantendo velhas e arcaicas instituições ou disposições legislativas já sem nenhuma adequação às novas realidades sociais. No *comportamento de evasão* também há desvio, porque ocorre a rejeição das metas culturais e dos valores que as sustentam, considerados todos irrelevantes ou incapazes de realizar o bem-estar humano, com a recusa de conformidade aos comportamentos socialmente estabelecidos. Prevalece, quanto às metas culturais, a atitude de que elas não valem a pena de coisa alguma; e quanto aos comportamentos sociais aprovados, despidos daquela motivação, não merecem observância. Os adeptos desse tipo de comportamento são um peso-morto na sociedade. O *comportamento de rebelião* é o mais extremado de todos, tendo em vista que pretende a derrubada de todos os meios e metas sociais, substituindo-os por outros de maneira total e revolucionária; não se limita a aperfeiçoar instrumentos ou instituições, quer substituição total de todos os instrumentos e instituições como fim de realizar uma mudança completa na sociedade. Normalmente se manifesta nos momentos de grandes crises sociais quando o desequilíbrio entre os meios e as metas se torna muito grande e insustentável. Assim foi na França, assim foi na Rússia, assim foi em Cuba, e assim continua sendo em nossos dias, em menor escala, com os movimentos dos sem-terra, sem-teto e outros. Sem dúvida alguma, o *inovacionista* é o comportamento de desvio de maior frequência na sociedade, razão pela qual deixamos a sua análise para o final. De certa forma, como bem observou Merton, a própria sociedade concorre para isso ao deixar de proporcionar, com a mesma generalidade com que estabelece as metas, os instrumentos prescritos ou admitidos para atingi-las; cria, assim, condições específicas para estimular o abandono ou a burla das normas socialmente fixadas para se atingir as metas culturalmente estabelecidas. As normas são abandonadas ou contornadas, num esforço do indivíduo para superar os obstáculos institucionais ou instrumentais, e atingir os alvos culturalmente estipulados por todo o sistema, através de meios não convencionais. Nesse desvio de comportamento estão retratadas todas as formas de delinquência, desde a juvenil até a mais grave criminalidade, bem como as faltas disciplinares, a inobservância das regras de conduta social etc. Há, entretanto, um aspecto positivo no comportamento inovacionista, que deve ser ressaltado. Referimo-nos àqueles casos de inovação que visam criar novos meios, mais eficientes para a realização dos objetivos sociais. Graças a esse espírito inovador, temos hoje a luz elétrica, o motor a explosão e milhões de outras invenções que tantos benefícios trouxeram à sociedade e nos permitem chegar ao estágio de desenvolvimento científico. Isso evidencia que nem todo comportamento inovacionista é necessariamente contrário à ética existente no grupo social, permitindo-nos, assim, fazer distinção entre conduta inovadora criadora e conduta inovadora antissocial. Nenhuma teoria, em nosso entender, esgota o tema da anomia, porque ela tem causas múltiplas. O desequilíbrio entre metas e meios sociais, núcleo da teoria de Merton, é sem dúvida causa tronco da anomia que, por sua vez, promove uma reação em cadeia, verdadeira bola de neve social, que acaba provocando comportamentos anômicos de diferentes gravidades. Vejamos como isso ocorre. Em se tratando de violência urbana no Brasil, o Estado não se fez suficientemente presente nas áreas favelizadas, permitindo o surgimento do crime organizado, forma mais grave de comportamento anômico. O poder paralelo que assim se instaurou passou a impor suas próprias regras, gerando dúvidas na população quanto às normas a serem observadas (conflito de normas); os líderes comunitários foram obrigados a obedecer ao poder paralelo para não serem mortos ou terem que se mudar; aos poucos se inverteram os valores, perderam-se as referências, mudaram-se os paradigmas. Os jovens, seduzidos pelo tráfico, vivem a ilusão de poder. São viciados, armados, agressivos e vivem aterrorizando a população e se confrontando com a polícia. Os ícones desses adolescentes são as marcas famosas, siglas de facções e armas. Se essa é a realidade social, o que fazer para modificá-la? A toda evidência, não existe solução única e milagrosa. A questão tem que ser enfrentada com medidas a curto, médio e longo prazo. Atuação mais firme e organizada da polícia, a reconquista dos espaços perdidos pelo Estado, determinação política das autoridades são, dentre outras, medidas imediatas a serem tomadas. Mas não resolverão o problema. Com o tempo revelar-se-ão paliativas. É preciso cortar o mal pela raiz, e não apenas arrancar as suas folhas. É preciso promover as mudanças sociais necessárias nas instituições, nas leis, na ordem econômica para melhorar a distribuição de rendas, reduzir as desigualdades, eliminar a exclusão social, aprimorar a educação, orientar o planejamento familiar, promover ações afirmativas, enfim, diminuir o desequilíbrio entre as metas e os meios sociais. A inovação deve ser, por isso, uma das principais qualidades dos homens públicos, que têm nas mãos o destino da sociedade. Devem eles possuir um espírito inovador-criador (e não ritualista) para realizar as reformas sociais necessárias nas leis, nas instituições, na distribuição da riqueza, e, assim, tornar as metas mais acessíveis e os meios melhor distribuídos, ao alcance da maioria. Quando isso não é feito, então, mais cedo ou mais tarde acaba vindo a rebelião, pois o desequilíbrio se torna tão grande que não se depara a sociedade com outra solução, a não ser aquela de promover uma total reorganização, estabelecendo novas metas e institucionalizando novos meios.

Anarquia

Segundo Chaves (2010), deve-se desprezar concepções errôneas segundo as quais "anarquia" seria sinônimo de "bagunça". Anarquia é ausência de governo e mesmo de atividade parlamentar; que os agentes políticos devem atuar diretamente em busca de manter e ampliar todas as formas de participação nos aspectos decisórios da sociedade em que vivem. Ação Direta, aliás, é o nome que adotam várias organizações anarquistas pelo mundo afora. Diz-nos Malatesta[6] em seus "Escritos Revolucionários" que "Se quiséssemos substituir um governo por outro, isto é, impor nossa vontade aos outros, bastaria, para isso, adquirir a força material indispensável para abater os opressores e colocarmo-nos em seu lugar. * Mas, ao contrário, queremos a Anarquia, isto é, uma sociedade fundada sobre o livre e voluntário acordo, na qual ninguém possa impor sua vontade a outrem, onde todos possam fazer como bem entenderem e concorrer voluntariamente para o bem-estar geral. Seu triunfo só poderá ser definitivo quando universalmente os homens não mais quiserem ser comandados ou comandar outras pessoas e tiverem compreendido as vantagens da solidariedade para saber organizar um sistema social no qual não mais haverá qualquer marca de violência ou coação". Segundo Malatesta (2010), o anarquismo em suas origens, aspirações, em seus métodos de luta, não está necessariamente ligado a qualquer sistema filosófico. O anarquismo nasceu da revolta moral contra as injustiças sociais. Quando apareceram homens que se sentiram sufocados pelo ambiente social em que eram

[6] Errico Malatesta, italiano e também Maçom e anarquista, ao contrário dos demais teóricos do anarquismo, viu no programa desta doutrina um complexo de objetivos a alcançar e de caminhos e meios para alcançá-los, independentemente de todo apriorismo doutrinário, quer fosse científico (tal como com Kropotkin), quer filosófico (é o caso de Stirner, Bakúnine, Tolstói e outros). Por outras palavras, a Anarquia era, para Malatesta, simplesmente, "um modo de vida individual e social, a realizar para o maior bem de todos", e não uma teoria científica ou um sistema filosófico.

obrigados a viver, que sentiram a dor dos demais como se ela fosse a sua própria, e quando estes homens se convenceram de que boa parte do sofrimento humano não é consequência inevitável das leis naturais ou sobrenaturais inexoráveis, mas, ao contrário, que deriva de realidades sociais dependentes da vontade humana e que podem ser eliminadas pelo esforço humano, abria-se então o caminho que deveria conduzir ao anarquismo. Era necessário encontrar as causas específicas dos males sociais e os meios corretos para destruí-las. E quando alguns consideraram que a causa fundamental do mal era a luta entre os homens que resultava no domínio dos vencedores e a opressão e a exploração dos vencidos, e viram que este domínio dos primeiros e esta sujeição dos segundos deram origem à propriedade capitalista e ao Estado, e, quando se propuseram derrubar o Estado e a propriedade, nasceu o anarquismo.

Errico Malatesta

Malatesta afirmou: "Eu prefiro deixar de lado a incerta filosofia e ater-me às definições comuns, que nos dizem que a anarquia é uma forma de vida social em que os homens vivem como Irmãos, sem que nenhum possa oprimir e explorar os demais, e em que todos os meios para se chegar ao máximo desenvolvimento moral e material estejam disponíveis para todos. O anarquismo é o método para realizar a anarquia por meio da liberdade e sem governo, ou seja, sem organismos autoritários que, pela força, ainda que seja por bons fins, impõem aos demais sua própria vontade". Para o autor, a anarquia é a sociedade organizada sem autoridade, compreendendo-se a autoridade como a faculdade de impor a própria vontade. Todavia, também significa o fato inevitável e benéfico de que aquele que melhor compreenda e saiba fazer uma coisa, consiga fazer aceitar mais facilmente sua opinião, e sirva de guia nesta determinada coisa aos que são menos capazes. Segundo ele, a autoridade não somente não é necessária para a organização social, mas, mais ainda, longe de beneficiá-la vive dela como parasita, impede seu desenvolvimento e extrai vantagens desta organização em benefício especial de uma determinada classe que explora e oprime as demais. Enquanto há harmonia de interesses em uma coletividade, enquanto ninguém deseja e nem tem meios de explorar os demais, não existem traços de autoridade. Quando, ao invés disso, há lutas intestinas e a coletividade se divide em vencedores e vencidos, surge então a autoridade, que é naturalmente usada para a vantagem dos mais fortes e serve para confirmar, perpetuar e fortalecer sua vitória. Por sustentarmos esta opinião somos anarquistas, e em caso contrário, afirmando que não poderia haver organização sem autoridade, seríamos autoritários. Porque ainda preferimos a autoridade que incomoda e desola a vida, à desorganização, que a torna impossível. Segundo Malatesta (2010), independente de nossas ideias sobre o Estado político e sobre o governo, ou seja, sobre a organização coercitiva da sociedade, que constituem nossa característica específica, e as ideias referentes ao melhor modo de assegurar a todos o livre acesso aos meios de produção e a participação nas boas coisas da vida social, somos anarquistas por um sentimento que é a força motriz de todos os reformadores sociais sinceros, e sem o qual nosso anarquismo seria uma mentira ou um contrassenso. Este sentimento é o amor para com a humanidade, é o fato de sofrer com sofrimentos dos demais. Se eu como, não posso fazê-lo com gosto se penso que há gente que morre de fome; se compro um brinquedo para minha filha e me sinto muito feliz por sua alegria, minha felicidade logo se amarga ao ver que, diante da vitrine da loja há crianças com os olhos arregalados que se contentariam com um brinquedo que custa apenas algumas moedas, mas que não podem comprá-lo; se me divirto, minha alma se entristece assim que penso que há infelizes companheiros que definham nas prisões; se estudo ou realizo um trabalho que me agrada, sinto uma espécie de remorso ao pensar que há tantas pessoas que têm maior talento que eu e se veem obrigadas a perder sua vida em tarefas exaustivas, muitas vezes inúteis ou prejudiciais. Claramente, puro egoísmo, mas de um tipo que outros chamam altruísmo – chamem-no como quiserem – e sem o qual não é possível ser realmente anarquista. A intolerância frente à opressão, o desejo de ser livre e de poder desenvolver completamente a própria personalidade até o limite não bastam para fazer de alguém um anarquista. Esta aspiração à liberdade ilimitada, se não for combinada com o amor pelos homens e com o desejo de que todos os demais tenham igual liberdade, pode chegar a criar rebeldes, que, se tiverem força suficiente, se transformarão rapidamente em exploradores e tiranos. Há indivíduos fortes, inteligentes, apaixonados, com grandes necessidades materiais ou intelectuais que, encontrando-se por acaso entre os oprimidos, querem, a qualquer custo, emancipar-se e não se ofendem em transformar-se em opressores: indivíduos que, sentindo-se prisioneiros na sociedade atual, chegam a desprezar e a odiar toda a sociedade, e ao sentir que seria absurdo querer viver fora da coletividade humana, buscam submeter todos os homens e toda a sociedade à sua vontade e à satisfação de seus desejos. Às vezes, quando são pessoas instruídas, consideram-se super-homens. Não se sentem impedidos por escrúpulos, querem "viver suas vidas". Ridicularizam a revolução e toda aspiração futura, desejam gozar o dia de hoje a qualquer preço, e à custa de quem quer que seja; sacrificariam toda a humanidade por uma hora de "vida intensa" (conforme seus próprios termos). Estes são rebeldes, mas não anarquistas. Têm a mentalidade e os sentimentos de burgueses frustrados e, quando conseguem, transformam-se em burgueses, e não dos menos perigosos. Pode ocorrer algumas vezes que, nas circunstâncias dinâmicas da luta, os encontremos ao nosso lado, mas não podemos, não devemos e nem desejamos ser confundidos com eles. E eles sabem muito bem disso. Contudo, muitos deles gostam de chamar-se anarquistas. É certo – e também deplorável. Para o autor, nós não podemos impedir ninguém de se chamar do nome que quiser, nem podemos, por outro lado, abandonar o nome que sucintamente exprime nossas ideias e que nos pertence lógica e historicamente. O que podemos fazer é prevenir qualquer confusão, ou para que ela se reduza ao mínimo possível. Malatesta disse:

> *Eu sou anarquista porque me parece que o anarquismo responde melhor que qualquer outro modo de vida social ao meu desejo pelo bem de todos, às minhas aspirações para uma sociedade que concilie a liberdade de todos com a cooperação e o amor entre os homens, e não porque o anarquismo se trate de uma verdade científica e de uma lei natural. Basta-me que não contradiga nenhuma lei conhecida da natureza para considerá-lo possível e lutar para conquistar o apoio necessário para sua realização.*

A Breve História do Anarquismo

Conforme Shantz (2004), apesar da força das imagens violentas, o anarquismo possui tradição pacífica. Textos de anarquistas, como Godwin[7], Proudhon[8], Kropotkin[9] e Tolstói[10], são movidos por sentimentos de mutualismo, sociabilidade, afinidade e afeição.

---

[7] William Godwin (Cambridgeshire, 3 de março de 1756 – 7 de abril de 1836) foi um jornalista inglês, filósofo político e novelista. Ele é considerado um dos primeiros expoentes do utilitarismo, e um dos primeiros proponentes modernos do anarquismo. Godwin é mais conhecido por dois livros que ele publicou no intervalo de um ano: *Inquérito acerca da justiça política*, um ataque às instituições políticas, e *As coisas como elas são ou As Aventuras de Caleb Williams*, que ataca os privilégios da aristocracia, mas também é virtualmente o primeiro romance de mistério. Baseado no sucesso de ambos, Godwin tornou-se uma figura proeminente entre os círculos radicais de Londres na década de 1790. Na reação conservadora subsequente ao radicalismo britânico, Godwin foi atacado, em parte por causa de seu casamento com a escritora feminista pioneira Mary Wollstonecraft, em 1797, e sua cândida biografia sobre ela após sua morte; sua filha Mary Godwin (conhecida posteriormente como Mary Shelley) seria autora de *Frankenstein* e se casaria com o poeta Percy Bysshe Shelley.

[8] Pierre-Joseph Proudhon (Besançon, 15 de janeiro de 1809 – Passy, 19 de janeiro de 1865) foi um filósofo político e econômico francês, foi membro do Parlamento Francês. É considerado um dos mais influentes escritores socialistas utópicos e organizadores. Após a revolução de 1848, passou a se denominar federalista. Proudhon favoreceu as associações dos trabalhadores ou cooperativas, bem como a propriedade coletiva dos trabalhadores da cidade e do campo em relação aos meios de produção, em contraposição à nacionalização da terra e dos espaços de trabalho. Ele considerava que a revolução social poderia ser alcançada através de formas pacíficas. Proudhon também tentaria criar um banco operário, semelhante, em alguns aspectos, às atuais cooperativas de crédito, que beneficiaria os trabalhadores com empréstimos sem juros. Malograda a tentativa, a ideia seria apropriada por capitalistas e acionistas que incorporariam imposição de juros em seus empréstimos.

[9] Piotr Alexeyevich Kropotkin (em russo: Пётр Алексе́евич Кропо́ткин; Moscou, 21 de dezembro

Iniciativas anarquistas caminham basicamente na direção da construção de novas comunidades e instituições. A história do anarquismo mostra, na verdade, seus ativistas como vítimas da violência política. Evidentemente, poucos anarquistas chegaram alguma vez a se envolver com o terrorismo ou a defender a violência.

Godwin Proudhon Kropotkin Tolstói

A caracterização surge largamente de poucos atentados à bomba e assassinatos impressionantes, resultado do desespero da década de 90 do século XIX. O anarquismo contou certamente com assassinos e fazedores de bomba, figuras como Ravachol[11] e Emile Henry[12], no

de 1842 – Dmitrov, 8 de fevereiro de 1921) foi um geógrafo e escritor russo, um dos principais pensadores políticos do anarquismo no fim do século XIX, considerado também o fundador da vertente anarco-comunista. Nascido membro da família real de Rurik, na idade adulta Kropotkin rejeitou este título de nobreza. Ainda adolescente foi obrigado a ingressar no exército imperial russo por ordem do próprio czar Nicolau I. Nessa mesma época passou a ter contato com a literatura progressista e revolucionária da época. Foi preso por diversas vezes por sua militância. Seus textos foram publicados por centenas de jornais ao redor do mundo. Seu funeral em fevereiro de 1921 constituiu o último grande encontro de anarquistas na Rússia, uma vez que este país, desde a revolução de 1917, estava sob o domínio dos bolcheviques marxistas que passaram a perseguir, exilar e aniquilar os ativistas libertários onde quer que fossem encontrados.

10 Liev Tolstói, também conhecido como Léon Tolstói ou Leão Tolstoi ou Leo Tolstoy, Lev Nikoláievich Tolstói (Yasnaya Polyana, 9 de setembro de 1828 – Astapovo, 20 de novembro de 1910) é considerado um dos maiores escritores de todos os tempos. Além de sua fama como escritor, Tolstói ficou famoso por tornar-se, na velhice, um pacifista, cujos textos e ideias batiam de frente com as igrejas e governos, pregando uma vida simples e em proximidade à natureza. Junto a Fiódor Dostoiévski, Gorki e Tchecov, Tolstói foi um dos grandes da literatura russa do século XIX. Suas obras mais famosas são *Guerra e Paz*, sobre as campanhas de Napoleão na Rússia, e *Anna Karenina*, onde denuncia o ambiente hipócrita da época e realiza um dos retratos femininos mais profundos e sugestivos da Literatura. Morreu aos 82 anos, de pneumonia, durante uma fuga de sua casa, buscando viver uma vida simples.

11 François Claudius Koënigstein, mais conhecido como Ravachol (Saint-Chamond, 14 de outubro de 1859 – Montbrison, 11 de julho de 1892), foi um dos mais famosos anarquistas ilegalistas franceses, tornando-se a seu tempo o arquétipo do "anarquista lançador de bombas" através de suas ações diretas violentas contra a Terceira República Francesa. No dia

século XIX, e Leon Czolgosz[13], que matou o presidente dos norte-americanos, McKinley, em 1901.

Ravachol

Emile Henry

Leon Czolgosz

Alguns anarquistas contemporâneos escolheram personificar essa imagem, vestindo-se inteiramente de preto e imprimindo fanzines[14] com títulos como "The Blast" (O Estouro) e "Agent 2771" (Agente 2771).

---

11 de julho de 1892, Ravachol foi guilhotinado em Montbrison, aos 32 anos de idade, pelo Estado francês. A canção descrita pelas autoridades como "obscena" e "blasfema" cantada por Ravachol aos pés do patíbulo foi a "*La Ravachole*", uma paródia da "*La Carmagnole*" popularmente criada em sua homenagem. Seus executores consideraram que a palavra cortada pela lâmina da guilhotina era "República", no entanto, é evidente que a palavra era de fato "Revolução".

[12] Émile Henry (26 de setembro de 1872 – 21 de maio de 1894) foi um anarquista espano-francês responsável por dois atentados a bomba, o mais notório destes no Café do Hotel Terminus, na Gare Saint-Lazere parisiense, onde morreu uma pessoa e ficaram feridas outras vinte. Embora sua participação no Movimento Anarquista fosse breve, recebeu muita atenção devido às suas ações terroristas, motivo de grande aflição às elites e governantes de sua época.

[13] Leon Frank Czolgosz (Detroit, 1 de janeiro de 1873 – 29 de outubro de 1901) foi um ativista anarquista norte americano de origem polonesa, que no primeiro ano do século XX executou o presidente também norte-americano William McKinley. Nos últimos anos de sua trajetória, Czolgosz seria profundamente influenciado pelo pensamento de teóricos do anarquismo como Emma Goldman e Alexander Berkman, bem como pela ação direta violenta do alfaiate italiano Gaetano Bresci que um ano antes havia executado Umberto I, o monarca de seu país, com o mesmo modelo de pistola posteriormente utilizado por Gzolgosz. Foi executado por seu crime em uma cadeira elétrica no dia 29 de outubro de 1901 na Prisão de Auburn, em Auburn, Nova Iorque.

[14] Fanzine é uma abreviação de *fanatic magazine*, mais propriamente da aglutinação da última sílaba da palavra *magazine* (revista) com a sílaba inicial de *fanatic*. Fanzine é, portanto, uma revista editada por um *fan* (fã, em português). Trata-se de uma publicação despretensiosa, eventualmente sofisticada no aspecto gráfico, dependendo do poder econômico do respectivo editor (faneditor). Engloba todo o tipo de temas, assumindo usualmente, mas não necessariamente, uma determinada postura política, com especial incidência em histórias em quadrinhos (banda desenhada), ficção científica, poesia, música, feminismo, vegetarianismo, veganismo, cinema, jogos de computador e videogames, em padrões experimentais.

Anarquista ou Socialista Utópico

Para Chaves (2010), a atividade do anarquista, do socialista utópico (em sua sublime acepção de conquista da Esperança possível) não é violenta nem repentina, mas gradual, pedagógica, passo a passo.

> *Não se trata de chegar à anarquia hoje, amanhã ou em dez séculos, mas caminhar seguramente rumo à anarquia hoje, amanhã e sempre. A anarquia é a abolição do roubo e da opressão do homem pelo homem, quer dizer, abolição da propriedade privada dos meios materiais e espirituais de produção e do governo formal; a anarquia é a destruição da miséria, da superstição e do ódio entre as pessoas. Portanto, cada golpe desferido nas instituições da propriedade privada dos meios de produção e do governo é um passo rumo à anarquia. Cada mentira desvelada, cada parcela de atividade humana subtraída ao controle da autoridade, cada esforço tendendo a elevar a consciência popular e a aumentar o espírito de solidariedade e de iniciativa, assim com a igualar as condições é um passo a mais rumo à anarquia.*

SOCIALISMO UTÓPICO

Segundo O Mundo Educação, no século XIX, a expansão das indústrias e a consolidação do sistema capitalista foram responsáveis diretos pela ascensão das classes burguesa e proletária. Por meio da relevância desses dois grupos sociais, diversos pensadores desse período começaram a tematizar os problemas da desigualdade e da miséria que ainda se faziam presentes em um tempo capaz de produzir tantas riquezas. Podemos observar que, entre o fim das guerras napoleônicas e as revoluções de 1848, um grupo de intelectuais elaborou teorias preocupadas em resolver essa questão. Ao longo do tempo, na medida em que suas obras foram sendo interpretadas, este conjunto de ideias acabou ficando conhecido como socialismo utópico. A utilização desse termo foi justificada pelo fato desses socialistas acreditarem que seria possível realizar a transformação da sociedade sem que houvesse um conflito entre burgueses e proletários. Em certa medida, a preocupação dos utópicos em resolver as desigualdades sem o choque entre as classes nos mostra uma influência da ótica liberal na perspectiva destes pensadores. Charles Fourier (1772-1837), filósofo autodidata, é considerado o pai do socialismo utópico.

Charles Fourier

François Marie Charles Fourier (Besançon, 7 de abril de 1772 – Paris, 10 de outubro de 1837) foi um socialista francês da primeira parte do século XIX, um dos pais do cooperativismo. Foi também um crítico ferino do economicismo e do capitalismo de sua época, e adversário da industrialização, da civilização urbana, do liberalismo e da família baseada no matrimônio e na monogamia. O caráter jovial com que Fourier realizou algumas de suas críticas fez dele um dos grandes satíricos de todos os tempos. Propôs a criação de unidades de produção e consumo – *as falanges* ou *falanstérios* – baseadas em uma forma de cooperativismo integral e autossuficiente, assim como na livre perseguição do que chamava *paixões* individuais e seu desenvolvimento, o que constituiria um estado que chamava *harmonia*. Neste sentido antecipa a linhagem do socialismo libertário dentro do movimento socialista, mas também em linhas críticas da moral burguesa e cristã, restritiva do desejo e do prazer – neste sentido, sendo também um dos precursores da psicanálise. Em 1808, Fourier já argumentava abertamente em favor da igualdade de gênero entre homens e mulheres, apesar da palavra feminismo só ter surgido em 1837. Entusiastas de suas ideias estabeleceram comunidades intencionais nas três Américas. O Falanstério do Saí em Santa Catarina e a Colônia Cecília no Paraná foram experiências práticas inspiradas por Fourier no Brasil, assim como La Réunion no Texas e a Falange Norte-americana em Nova Jersey, nos Estados Unidos.

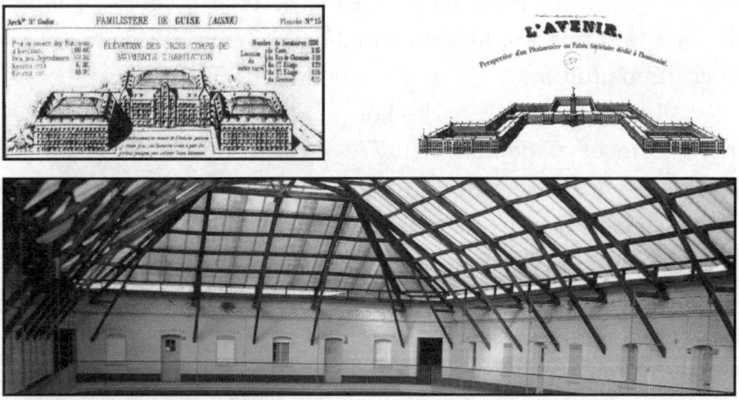

O Falanstério de Fourier em perspectiva

Conde de Saint-Simon

Um dos primeiros socialistas utópicos foi Conde de Saint-Simon (1760 – 1825), que teorizou a divisão da sociedade entre “produtores” e “ociosos”.

Nesse aspecto, ele acreditava que a sociedade deveria ser composta por uma maioria de produtores capazes de gerar riquezas. Segundo Saint-Simon, as empresas capitalistas poderiam existir desde que assumissem várias responsabilidades sociais para com a classe trabalhadora. Um pouco mais tarde, o francês Charles Fourier (1772 – 1837) apontou que as relações econômicas deveriam se organizar em instituições fundadas por princípios de associação e cooperativismo. Dessa forma, idealizou a concepção de comunidades produtivas, compostas por aproximadamente 1.800 trabalhadores, chamadas de falanstérios. Ao longo de sua vida, Fourier nunca conseguira o apoio de empresários e investidores simpáticos ao seu modelo econômico. Robert Owen (1771 – 1858) pode ser visto como um dos mais atuantes pensadores do socialismo utópico.

Na condição de administrador, teve a oportunidade de observar claramente as penosas condições às quais os trabalhadores eram submetidos. A partir dessa experiência, resolveu dedicar-se à criação de cooperativas que negassem o individualismo e a lógica egoísta das empresas capitalistas. Na Escócia, após assumir o controle de uma empresa produtora de algodão, Owen estabeleceu um regime de trabalho de dez horas e oferecimento de instrução escolar a seus empregados. Passado algum tempo, o sucesso alcançado por seu modelo acabou gerando fortes manifestações oposicionistas. Com isso, foi para os Estados Unidos e criou uma nova cooperativa chamada New Harmony.

Robert Owen

Quando retornou à sua terra natal, Robert Owen se deparou com a completa falência das cooperativas que tinha ali concebido. De fato, seria um tanto quanto difícil ir contra a lógica e os demais padrões que imperavam na maioria das atividades econômicas. Com isso, talvez decepcionado pela falência de seu projeto, acabou se dedicando à criação das primeiras associações de trabalhadores, conhecidas como trade-unions. Do ponto de vista crítico, não podemos simplesmente acreditar que os ideólogos do socialismo utópico eram superficiais ou completamente equivocados. Mesmo não observando a aplicabilidade de suas teorias, as noções lançadas pelos membros desse movimento de ideias tiveram papel fundamental para que outros intelectuais pudessem conceber novas reflexões sobre a sociedade capitalista.

Anarquia e Ordem

Conforme Shantz (2004), a palavra *anarquia – anarchos*, do grego antigo – significa simplesmente *sem um governante*. Ao invés da incursão na guerra de todos contra todos, de Hobbes[15], a sociedade sem governo sugere aos anarquistas a possibilidade de relações humanas criativas e pacíficas.

Proudhon resumiu a posição anarquista em seu famoso slogan "Anarquia é Ordem". Os anarquistas não sugerem somente que governos e leis são desnecessários à preservação da ordem, mas também que eles, na verdade, impedem a paz social, ao manter os conflitos da desigualdade e da hierarquia.

A primeira filosofia política sistemática é atribuída a William Godwin. Para esse autor, as leis desencorajam respostas criativas a problemas sociais, primeiro, porque reduzem experiências humanas a uma medida geral e, segundo, porque destinam o pensamento humano a uma condição fixa, impedindo, assim, aperfeiçoamentos. Godwin vê a coerção como uma injustiça, incapaz de convencer ou conciliar aqueles contra os quais é empregue. A coerção, expressa na lei e na punição, ensina apenas que se deve submeter à força e concordar em ser dirigido não "pelas convicções do seu entendimento, mas pela parte mais vil de sua natureza, o medo da dor pessoal e um temor compulsório da injustiça de outros". O caminho para a virtude, segundo Godwin, não está na submissão à coerção, mas somente na resistência a ela. No lugar da punição, por ele considerada prova de profunda falta de imaginação, advoga remover as causas do crime (governo e propriedade) e "despertar a mente" pela educação.

[15] Thomas Hobbes (Malmesbury, 5 de abril de 1588 — Hardwick Hall, 4 de dezembro de 1679) foi um matemático, teórico político, e filósofo inglês, autor de *Leviatã* (1651) e *Do cidadão* (1651).

O Anarquismo e a Imprensa no Século XIX

Conforme Monteiro (2009), o objetivo da ação terrorista não é a violência concreta em si – as explosões, o número de mortos e feridos –, mas sim a violência *simbólica* que a acompanha e que, devidamente levada a público, gera a singularidade do ato e o sentimento de terror. A Era do Terrorismo Anarquista coincidiu com o começo da Era do Jornalismo de Massa. Na Grã-Bretanha, Estados Unidos e em todo o mundo ocidental, os anos 1880 testemunharam a emergência de um "novo jornalismo". Precedido por editores como Joseph Pulitzer com seu *St. Louis Post-Dispach*, e mais tarde seu *New York World*, e W. T. Stead em seu *Pall Mall Gazette*, o "novo jornalismo", com suas sensacionais manchetes em pesadas letras pretas, era menos interessado em limitar-se a uma simples linha política ou análises profundas e de longo alcance que produzir rapidamente notícias para consumo de massa e entretenimento. Este mesmo princípio não está ausente no caso do terrorismo anarquista da segunda metade do século XIX, tendo a imprensa escrita da época, que se desenvolvia cada vez mais na Europa e Estados Unidos, um papel essencial, embora ambivalente, na edificação do temor aos anarquistas no imaginário social. Além da difusão das notícias dos atentados, a imprensa também foi fundamental no jogo das significações simbólicas que envolviam os ataques anarquistas. Para que a dinamite, o punhal ou o revólver se convertessem em armas revolucionárias elas não deveriam ter como alvos *indivíduos* específicos, mas todo aquele que ocupasse – ou reocupasse – posições e papéis sociais que simbolizassem a exploração de classe e o poder estatal. Mais do que isso, era preciso que as significações simbólicas dos anarquistas fossem compartilhadas em pelo menos alguns de seus sentidos com o restante da sociedade, tanto para buscar apoio dos segmentos trabalhadores quanto para semear o medo entre os segmentos da "burguesia", segundo as palavras dos próprios anarquistas. A discussão deste texto, dessa forma, envolve os conflitos e ambivalências das significações presentes nas palavras e ações dos anarquistas terroristas veiculadas na imprensa escrita do século XIX. Segundo o mesmo autor, a ação terrorista entre os anarquistas envolveu a ideia mais ampla da "propaganda pela ação" – que poderia incluir também o protesto público, a sabotagem e a revolta direta das classes operárias contra as classes dirigentes, por exemplo –; princípio defendido por círculos bakuninistas[16] europeus desde a década de 1870 em detrimento da pouca efetividade da propaganda anarquista pela palavra oral e escrita. Soma-se a isso a forte repressão desencadeada contra os revolucionários da Comuna de Paris na mesma década, seguida de perseguições políticas, exílios e censuras a jornais e encontros públicos promovidos pelos anarquistas e o desmantelamento da I Internacional, após os conflitos com os marxistas. A maior notoriedade de Ravachol acabaria sendo construída através de suas próprias declarações, confissões e gestos em seus interrogatórios, julgamentos e até no momento de sua execução. Constantemente publicadas pelos jornais (sejam os grandes jornais ou os periódicos anarquistas e/ou operários), as palavras e atos de Ravachol foram aos poucos ajudando a compor o complexo e ambíguo jogo de significações no imaginário social a respeito do anarquismo e do terrorismo.

Conforme Monteiro (2009), a primeira característica sempre destacada pelos grandes jornais é a frieza, a aparente carência de valores morais demonstrada pelos revolucionários. Um suposto instinto de destruição "niilista[17]" parecia apossar-se dos terroristas e cegá-los para os direitos humanos mais básicos, como a vida e o direito à autodefesa. Esta primeira imagem apareceu construída

---

[16] Bakunista: referente a Mikhail Aleksandrovitch Bakunin (em russo Михаил Александрович Бакунин; Premukhimo, 30 de maio de 1814 – Berna, 1 de julho de 1876), também aportuguesado em Bakunine ou Bakúnine, foi um teórico político russo, um dos principais expoentes do anarquismo em meados do século XIX.

[17] Niilismo é um termo e um conceito filosófico que afeta as mais diferentes esferas do mundo contemporâneo (literatura, arte, ciências humanas, teorias sociais, ética e moral). É a

Desenho reconstituindo a prisão de Ravachol publicado no Le Petit Journal

Desenho reconstituindo a prisão de Ravachol publicado no Le Progrès Illustré

Imagem de reconstituição do interrogatório a Ravachol publicada no Le Petit Journal

de forma extremamente forte e concreta no periódico parisiense *Le Petit Journal*. Como outros jornais da época que também utilizavam esta fórmula, *Le Petit Journal Illustré* (suplemento semanal do jornal) destacava as notícias consideradas mais importantes da semana por meio de ilustrações de caráter realista, que "flagravam" o ápice dos acontecimentos. Obviamente a pretensão "fotográfica" de registrar uma ação em seu transcurso só poderia ser realizada indiretamente pelo artista, através de relatos de testemunhas e observações do local do evento após o ocorrido, o que demandava uma considerável dose de imaginação do desenhista e, daí, uma inevitável liberdade na construção da imagem (que para os leitores poderia ser gravada como a representação fiel do fato). O texto acompanhado pela gravura destacada a seguir comemorava a prisão do "patife" Ravachol, nas palavras do jornal. A reportagem insiste que Ravachol não era um criminoso político, mas "um criminoso de direito comum, um assassino de anciãos e de velhas senhoras, um ladrão e um violador de sepulturas", apenas "um patife odioso"que ansiava pela destruição da sociedade.

Símbolo anarquista

desvalorização e a morte do sentido, a ausência de finalidade e de resposta ao "porquê". Os valores tradicionais depreciam-se e os "princípios e critérios absolutos dissolvem-se". "Tudo é sacudido, posto radicalmente em discussão. A superfície, antes congelada, das verdades e dos valores tradicionais está despedaçada e torna-se difícil prosseguir no caminho, avistar um ancoradouro." O niilismo pode ser considerado como "um movimento positivo" – quando pela crítica e pelo desmascaramento nos revela a abissal ausência de cada fundamento, verdade, critério absoluto e universal e, portanto, convoca-nos diante da nossa própria liberdade e responsabilidade, agora não mais garantidas, nem sufocadas ou controladas por nada. Mas também pode ser considerado como "um movimento negativo" – quando nesta dinâmica prevalecem os traços destruidores e iconoclastas, como os do declínio, do ressentimento, da incapacidade de avançar, da paralisia, do "tudo-vale" e do perigoso silogismo ilustrado pela frase do personagem de Dostoiévski: "Se Deus está morto, então tudo é permitido". Entende-se por Deus neste ponto como a verdade e o princípio.

CRONOLOGIA DO ANARQUISMO

1563	Morre Etienne de la Boétie, autor do *Discurso sobre a Servidão Voluntária*, um livro clássico do pensamento libertário, em que analisa o conformismo do povo e aponta a desobediência Civil como um instrumento de mudança social e de luta contra os poderosos.
1789	Revolução Francesa, um momento decisivo de derrocada da velha ordem feudal e clerical na Europa. Na Revolução participaram grupos populares radicais que defendiam posições próximas do pensamento libertário. A Revolução Francesa mereceu estudos de anarquistas como Piotr Kropotkin e Daniel Guerin e foi vista pelos movimentos libertários como precursora das revoluções sociais dos séculos XIX e XX.
1792	Mary Wollstonecraft, companheira de William Godwin, precursora libertária e feminista, publica *Reivindicação dos Direitos da Mulher*.
1793	William Godwin, pensador inglês, precursor do anarquismo, publica o livro *Investigação Acerca da Justiça Política*.
1837	Morre o socialista utópico Charles Fourrier.
1840	Pierre Joseph Proudhon emprega pela primeira vez, no seu livro O *Que é a Propriedade?*, a palavra anarquia no sentido de sociedade autogovernada. O engenheiro francês Louis Léger Vauthier vai trabalhar no Brasil, Recife, onde passa a divulgar as ideias de Fourier, influenciando intelectuais como Antonio Pedro Figueiredo.
1841	Inicia-se a tentativa de criar um falanstério no Brasil na região do Saí (São Francisco – Estado de Santa Catarina) por um grupo de franceses encabeçados pelo médico fourierista Benoit Jules Mure.
1842	Marx e Mikhail Bakunin começam a colaborar na revista Anais Alemães de Arnold Ruge. Neste ano Marx elogia os "trabalhos penetrantes de Proudhon".

1844	Marx conhece Proudhon, então já um famoso pensador socialista, em Paris. Nesse mesmo ano morre em França a revolucionária socialista, de origem peruana, Flora Tristán, avó do pintor Paul Gauguin.
1845	Benoit Jules Mure edita, no Rio de Janeiro, após se ter frustrado o falanstério do Saí, um dos primeiros jornais socialistas, *O Socialista da Província do Rio de Janeiro*. Nesse mesmo ano o pensador anarquista individualista Max Stirner escreve *O Único e a sua Propriedade*. Nos Estados Unidos, o libertário Josiah Barren funda a colônia Utopia.
1846	Proudhon escreve a *Filosofia da Miséria*. Marx e Proudhon trocam correspondência. Na última carta o anarquista francês, depois de criticar todo o dogmatismo, adverte Marx: "não nos tornemos os chefes de uma nova intolerância". É o sinal da irreconciliação entre os dois pensadores.
1847	Marx publica *A Miséria da Filosofia* tentando refutar a obra de Proudhon. Constituem-se na Colômbia as sociedades democráticas, influenciadas pelo pensamento de Proudhon.
1848	Kar Marx e Friederich Engels publicam o *Manifesto Comunista*. No Brasil dá-se a Revolução Praieira, no Recife, onde participam intelectuais influenciados pelo socialismo utópico. Agitações revolucionárias em vários países da Europa, a mais importante das quais foi a chamada Revolução de 1848 na França.
1849	David Thoreau publica o clássico libertário americano *Desobediência Civil*. Bakúnin é preso, após ter participado em várias rebeliões, só vindo a escapar em 1861 da Sibéria.
1850	José Maria Chávez tenta criar em Aguascalientes, no México, um falanstério. No Chile, em março, foi criada a "Sociedad de la Igualdad", por Ambrosio Larracheda, Manuel Lúcares, Cecilio Cerda e Rudecindo Rojas, uma das primeiras associações operárias e socialistas.
1852	Primeira viagem aos Estados Unidos de Victor Considérant, discípulo de Fourier, para criar um falanstério.

1855	José Inácio Abreu Lima, o brasileiro general de Bolivar, publica o livro *O Socialismo*.
1856	Morre precocemente Max Stirner.
1861	O emigrante grego Plotino Rhodakanaty publica no México a *Cartilha Socialista* e edita o jornal El Falanstério. Bakúnin foge para o ocidente, indo viver na Inglaterra e posteriormente na Suíça.
1862	Operários franceses e ingleses reúnem-se em Londres durante a Exposição Internacional e decidem constituir uma organização internacional, que viria a ser fundada oficialmente em 1864, a AIT.
1863	Proudhon publica um de seus principais livros, *O Princípio Federativo*.
1864	É criada em Londres a Associação Internacional dos Trabalhadores (AIT) e Bakúnin funda a Aliança Internacional da Democracia Socialista.
1865	Morre Proudhon, considerado o primeiro anarquista moderno. Conferência de Londres da AIT. Em Havana é fundado o jornal La Aurora, de ideias proudhonianas. No relatório sobre a Conferência de Londres da AIT, Charles Limousin e Fribourg escreveram que "se tomaram medidas para estabelecer correspondência com o Rio de Janeiro e com as colônias francesas de Guadalupe e Martinica".
1866	No Chile, o socialista utópico Ramón Picarte tenta criar um falanstério em Chillán.
1867	Marx publica o primeiro volume do Capital. Congresso de Lausanne da AIT.
1868	Bakúnin ingressa na AIT e os núcleos de partidários da Aliança Socialista passam a ser seções da Primeira Internacional. As ideias internacionalistas chegam a Portugal e Espanha através do companheiro de Bakúnin, o italiano Giuseppe Fanelli. O socialista espanhol partidário de Proudhon, Pi y Margall publica o livro *Las Nacionalidades*. Congresso de Bruxelas da AIT. Os socialistas proudhonianos mexicanos criam Gran Circulo de Obreros.

1869	É fundada a União Cooperativa Inglesa. Congresso de Basileia da AIT.
1870	É formado o Gran Círculo de Obreros de México, de orientação proudhoniana. Em Barcelona é criada a Federação Regional Espanhola, aderente à AIT. Morre o pensador russo Aleksandr Herzen, um federalista amigo de Bakúnin e um dos mais influentes intelectuais russos do século XIX.
1871	Os trabalhadores de Paris declaram a Comuna, mas as tropas do governo invadem Paris em maio desencadeando um massacre. Bakúnin publica um dos seus principais livros, Deus e Estado. Os internacionalistas espanhóis Anselmo Lorenzo, Morago e Mora refugiam-se em Lisboa e fazem contatos para criar uma seção portuguesa da AIT. O poeta português Antero de Quental, partidário da AIT, publica o folheto *O Que é a Internacional?* Conferência da AIT em Londres.
1872	O Congresso de Haia da AIT expulsa os anarquistas por proposta de Marx e transfere a sede da Internacional para Nova York. Este foi o último congresso da AIT, a partir daí dissolveu-se a Primeira Internacional. Os antiautoritários reúnem-se em Saint Imier na tentativa de preservar a Internacional. Em Portugal, em fevereiro, sai o jornal O Pensamento Social ligado aos internacionalistas. No México são editados os jornais El Obrero Internacional e La Comuna.
1873	O médico Eduardo Maia, membro da seção portuguesa da AIT e um dos primeiros anarquistas do país, publica *A Internacional, sua História, sua Organização e seus Fins.*
1874	É publicada em Portugal a tradução *Do Princípio da Federação* de Proudhon. O anarquista francês era lido há vários anos em francês pelos intelectuais e trabalhadores socialistas.
1875	Constitui-se no Uruguai a Federación Regional de la República Oriental del Uruguay, mais tarde transformada em Federación Obrera Regional Uruguaya. Reúne-se no México o Congreso General Obrero.

1876	Morre na Suíça o agitador e pensador anarquista russo Mikhail Bakúnin. No México, as ideias socialistas são discutidas no Primeiro Congresso Operário. A ala marxista da AIT declara oficialmente, em Filadélfia, o fim da Primeira Internacional. É publicado no México o livro de Prouhdon *Idea General de la Revolución en el Siglo XIX*. Desencadeiam-se várias greves operárias com participação de trabalhadores anarquistas.
1877	Sublevações camponesas, de inspiração socialista e libertária, no México, nos Planes de la Barranca e Sierra Gorda. Levante de Benevento, um grupo de anarquistas, entre os quais Carlo Cafiero e Errico Malatesta, percorre aldeias do sul de Itália, queima os arquivos, distribui armas e apela aos camponeses para declarar o comunismo libertário.
1878	Quatro anarquistas são enforcados em Chicago em consequência das manifestações pelas 8 horas de trabalho. Este acontecimento iria passar a marcar as comemorações do 1º de maio. No México é fundado o primeiro Partido Comunista Mexicano, de ideias anarquistas. Em Montevidéu começa a publicar-se o jornal El Internacional.
1879	Aparecem na Rússia vários grupos revolucionários de tendência populista e anarquista, que se dedicam a desencadear a ação direta contra o czarismo. Começa a publicar-se na Suíça o jornal anarquista Le Revolté, sob direção de Piotr Kropotkin. Publica-se, em Cuba, o jornal anarquista El Obrero.
1880	Engels publica *Socialismo Utópico e Socialismo Científico*. Chega aos Estados Unidos o militante anarquista alemão Johann Most.
1882	Anarquistas celebram em Montevideo o aniversário da Comuna de Paris.
1883	É criada na Suíça a Emancipação do Trabalho, primeira organização marxista russa. Morre Karl Marx. É fundado em Buenos Aires o Círculo Comunista Anarquista.

1884	Elisée Reclus visita a Colômbia para pesquisar para a sua *Nova Geografia Universal*, tendo proposto ao governo a criação de uma comunidade agrícola, a que chamou República Idílica, em Sierra Nevada de Santa Marta.
1885	Malatesta chega à Argentina onde residirá por cinco anos.
1886	Começa a publicar-se em Londres o jornal Freedom, por um grupo anarquista reunido em torno de Kropotkin. Reúne-se em Havana o Congreso Obrero Local. Em Buenos Aires, o militante anarquista Mattei edita El Socialista.
1887	É publicado o primeiro livro de Kropotkin em Portugal, *A Anarchia na Evolução Socialista*. Formam-se os grupos anarco-comunistas do Porto e de Lisboa. Trabalhadores anarquistas fundam, em Buenos Aires, o Círculo Socialista Internacional. Em Havana começa a se publicar o jornal anarquista El Productor.
1888	É fundada na França a organização Bolsas do Trabalho, de tendência libertária. Kropotkin publica um dos seus mais famosos, e traduzidos, livros, *A Conquista do Pão*.
1889	É fundada em Paris a Segunda Internacional. Em Santos, Silvério Fontes cria o Centro Socialista, um dos primeiros grupos dedicados à divulgação das ideias socialistas no Brasil.
1890	Generalizam-se as manifestações e comemorações do Primeiro de Maio na Europa. Embarca para o Brasil o primeiro grupo de anarquistas que vai fundar a Colônia Cecília no Paraná. Oscar Wilde edita *A Alma do Homem sob o Socialismo*, um livro de inspiração libertária. No Chile, greve promovida por trabalhadores anarquistas termina com uma violenta repressão. Em Buenos Aires começa a se publicar um dos primeiros jornais anarquistas, El Perseguido. Em Nova York, o militante anarquista Pedro Esteve começa a publicar El Despertar, um dos mais duradouros jornais anarquistas, em língua castelhana, dos Estados Unidos.

1891	É fundada na Argentina a Federación Obrera Argentina (FOA). Que depois de um período de estagnação volta a ser reorganizada em 1901, sob uma linha anarcossindicalista.
1892	É publicado, por emigrantes italianos, Gli Schiavi Bianchi, um dos primeiros jornais anarquistas brasileiros. Ravachol, o mais famoso dos anarquistas partidários da ação direta, é guilhotinado em França. Morre Carlos Cafiero, um dos militantes socialistas que contribuiu para o desenvolvimento do anarquismo na Itália. No Chile é criado o primeiro centro de estudos sociais anarquistas.
1893	Giovanni Rossi, médico veterinário e anarquista idealizador da Colônia Cecília, publica, na Itália, *Cecilia, Uma Comunidade Anarquista Experimental*. É criada na Holanda a National Arbeids Sekretariat (NAS), sindicalista revolucionária, onde teve um papel importante o anarquista Christian Cornelissen. Chega a Cuba o tipógrafo catalão Pedro Esteve, que seria um dos principais militantes anarquistas do país. Nesse mesmo ano os trabalhadores cubanos fundam a Sociedad General de Trabajadores. Levantamento de trabalhadores em Bogotá, com influência anarquista. No Chile é publicado El Oprimido, considerado o primeiro jornal anarquista do país.
1895	É fundada a Confederação Geral do Trabalho (CGT) francesa que viria a inspirar o anarcossindicalismo em todo o mundo. A Carta de Amiens, aprovada em 1906, é o documento que define as linhas do sindicalismo revolucionário libertário.
1896	No Congresso de Londres os anarquistas são expulsos da Internacional Socialista. Em Portugal é publicado o importante estudo de Silva Mendes, *O Socialismo Libertário ou Anarquismo*. Morre William Morris, importante militante socialista inglês. Reúne-se, em Lima, o Primero Congreso Obrero. No Chile é criado o Centro Social Obrero reunindo os principais militantes anarquistas que publicam também o jornal El Grito del Pueblo.

1897	É fundado, em Buenos Aires, La Protesta Humana, o mais importante jornal anarquista latino-americano.
1898	Realiza-se no Brasil, no Rio Grande Sul, o primeiro congresso que reúne organizações operárias em nível estadual. Chega a Buenos Aires o advogado italiano e intelectual anarquista Pietro Gori.
1899	Na Colômbia, Jacinto Albarracín, anarquista indígena, perseguido, funda na floresta uma comuna libertária.
1900	É publicado no Rio de Janeiro o livro *Estados Unidos do Brasil*, o capítulo da Geografia Universal de Elisée Reclus, referente ao Brasil. O anarquista mexicano Ricardo Flores Magón funda o jornal La Regeneración.
1901	Morre Fernand Pelloutier, operário e anarquista francês, criador das Bolsas de Trabalho e idealizador do sindicalismo revolucionário, que influenciou o anarcossindicalismo à escala mundial. É fundada na Argentina a Federación Obrera Argentina (FOA) e os trabalhadores de Rosário declaram greve geral. Chega a São Paulo o advogado e militante anarquista Neno Vasco.
1902	É editado o livro *Apoio Mútuo* de Kropotkin, uma crítica do darwinismo social e a defesa do princípio da cooperação como fundamento da evolução das sociedades. A FOA declara greve geral na Argentina. No Chile, a greve dos tipógrafos marca o desenvolvimento do sindicalismo revolucionário no país. Nesse mesmo ano reuniu-se o Primeiro Congresso Social Operário, com participação de sociedades operárias, cooperativas e centros de cultura social.

1903	O escritor e militante anarquista Fábio Luz publica o primeiro romance brasileiro de inspiração libertária, *O Ideólogo*. Forma-se na Argentina a Unión General de Trabajadores (UGT), reformista, mas de onde virá a surgir mais tarde uma tendência próxima do sindicalismo revolucionário. No Chile, foi criada na capital uma comunidade anarcocomunista, tendo sido criado, pouco depois, no interior, uma comunidade influenciada pelas ideias de Liev Tolstói. Em Valparaíso, em abril, os trabalhadores portuários influenciados pelo sindicalismo revolucionário desencadeiam uma greve, que acaba se generalizando, no Primeiro de Maio Anarquista, em fortes conflitos de rua na cidade, obrigando o governo a enviar tropas para a cidade. Calcula-se que morreram mais de cem trabalhadores e houve milhares de feridos e presos.
1904	No Quarto Congresso Sindical Argentino é criada a Federação Operária Regional Argentina (FORA), a mais importante e combativa organização anarcossindicalista da América Latina. Realiza-se em Amsterdã o Congresso Antimilitarista organizado pelo anarquista e pacifista Ferdinand Nieuwenhuis.
1905	Desencadeia-se a revolução russa que derruba o czarismo autocrático, iniciando uma abertura liberal. Nos Estados Unidos foi criada a Industrial Workers of the World (IWW), a mais importante organização sindicalista revolucionária americana, que influenciou a criação de organizações semelhantes no Chile, Nova Zelândia e Austrália. Morre Élisée Reclus, destacado geógrafo e militante anarquista. É criada a Federación Obrera de la Regional Uruguaya (FORU) de linha anarcossindicalista, herdeira da linha libertária dos internacionalistas do século XIX. Morre, na França, Louise Michel, famosa militante anarquista que participou da Comuna de Paris. No Chile realiza-se a Primera Convención Nacional de las Mancomunales, considerado o primeiro congresso operário.

1906	Primeiro Congresso Operário Brasileiro aprova uma linha de atuação anarcossindicalista e cria a Confederação Operária Brasileira (COB). Greve de mineiros no México deixa centenas de mortos. O agitador anarquista colombiano Biófilo Panclasta chega a Buenos Aires. No Chile é criada a Federación de Trabajadores de Chile (FTCH), considerada a primeira federação operária sindicalista revolucionária.
1907	Realiza-se o Congresso Anarquista Internacional em Amsterdã, do qual participou o colombiano Biófilo Panclasta, representando os trabalhadores argentinos. No Brasil desencadeiam-se lutas pelas 8 horas de trabalho. Congresso dos anarquistas alemães reúne-se clandestinamente.
1908	Começa a se publicar, no Rio de Janeiro, A Voz do Trabalhador, órgão da Confederação Operária Brasileira, principal jornal anarcossindicalista do Brasil. É fundada na Bolívia a Federación Obrera Local (FOL), que será recriada em 1926, após ter desaparecido por vários anos. É fundada pelo operário Hilário Marques a revista Sementeira, a mais importante publicação anarquista portuguesa. Morre em Paris o agitador anarquista individualista Albert Libertad. Revoltas camponesas no México com o apoio de anarquistas.
1909	Semana Trágica de Barcelona. Greve revolucionária agita Barcelona, provocando uma repressão feroz. O educador anarquista Francisco Ferrer Guardia é fuzilado, acusado de ser responsável pela agitação revolucionária, mesmo que na época dos acontecimentos estivesse em Londres. Manifestações de indignação por todo o mundo contra o governo espanhol. Começa, em Portugal, o Congresso Operário Nacional, que se encerra em 1910.

1910	Morre o famoso escritor russo e defensor de um cristianismo igualitário, com afinidades anarquistas, Liev Tolstói, que influenciou grupos anarcocristãos em vários países, principalmente na Holanda e Estados Unidos. Em Barcelona é fundada a Confederação Nacional do Trabalho (CNT), anarcossindicalista. Revolução Republicana em Portugal com participação de trabalhadores e militantes anarquistas. Revolução Mexicana, com participação de camponeses e intelectuais libertários influenciados pelas ideias do militante anarquista Flores Magón. Os trabalhadores suecos criam a Sveriges Arbetares Central (SAC), de tendência sindicalista revolucionária.
1911	Primeiro Congresso Anarquista português e fundação Federação Anarquista da Região Sul. São enforcados no Japão os anarquistas Denjiro Kotuku e sua companheira Yugetsu Sugo Kanno. Greve geral no Peru promovida pelos anarcossindicalistas. São editados os livros de Rafael Barrett, anarquista espanhol que atuou no Paraguai, *El Dolor Paraguayo* e *Cuentos Breves*. O ativo militante e jornalista anarquista Neno Vasco parte para Portugal, onde continuará sua militância. Chega a Buenos Aires José de Brito, que se tornará um ativo militante anarquista na Argentina e, posteriormente, em Portugal. No Panamá começa a publicar-se El Unico, Publicação Individualista, um dos raros jornais anarquistas individualistas da América Latina.
1912	Constitui-se em Portugal a Federação Anarquista da Região Norte. Trabalhadores anarcossindicalistas bolivianos criam a Federación Obrera Internacional (FOI). Morre Voltairine de Clayre, agitadora anarquista americana. É criada na Itália a União Sindical Italiana (USI), anarcossindicalista. Morre em tiroteio com a polícia Jules Bonnot, ilegalista e anarquista francês. No Chile é editado o jornal La Batalla, um dos mais importantes periódicos anarquistas do país.

1913	Segundo Congresso Operário Brasileiro mantém a linha sindicalista revolucionária. Em Portugal formam-se as Juventudes Sindicalistas. Em Lisboa edita-se o importante jornal anarquista Terra Livre, dirigido pelo luso-brasileiro Pinto Quartim. Criação da Unión Obrera de Colombia.
1914	Começa a Primeira Guerra Mundial dividindo o movimento socialista (inclusive os anarquistas) sobre a posição a tomar. Começa a se publicar, no Rio de Janeiro, A Vida, a principal revista anarquista do começo do século. Reúne-se em São Paulo a Conferência Libertária. Semana Vermelha na Itália, com onda de greves e agitações, desencadeada pela USI, paralisa o país.
1915	Tentativa de formar uma confederação anarcossindicalista no México resulta infrutífera pela violenta repressão desencadeada no ano seguinte. Congresso Internacional da Paz realiza-se no Rio de Janeiro, com representações de vários estados brasileiros e delegados da Argentina. Realiza-se em Ferrol (Espanha) o Congresso Mundial Contra a Guerra, com delegados de vários países. Realiza-se no Rio de Janeiro o Congresso Anarquista Sul-americano, reunindo delegados do Brasil, Argentina e Uruguai.
1916	Morre James Guillaume, o mais conhecido militante anarquista suíço, militante da AIT e fundador da Federação do Jura, que seria o centro difusor do anarquismo do século XIX. Esta Federação recebeu e apoiou militantes anarquistas de todo o mundo. Realiza-se no México o Congreso Obrero Nacional que cria a Federación del Trabajo de la Región Mexicana, anarcossindicalista. O revolucionário anarquista mexicano Flores Magón é condenado, nos Estados Unidos, a 20 anos de prisão.
1917	Explode a Revolução Soviética. O Partido Social Democrata Russo, de Lenin, desencadeia ações militares que lhe dão o poder. Inicia-se a publicação de A Plebe, o mais importante jornal anarquista brasileiro. No Chile é criada a IWW, organização sindicalista revolucionária.

1918	Inicia-se no Rio de Janeiro a greve geral revolucionária que ficou conhecida por Insurreição Anarquista de 1918 do Rio de Janeiro. Publica-se, no Porto, Portugal, A Comuna, um dos mais destacados títulos da imprensa anarquista. No Brasil os anarquistas criam os Comitês Populares contra a Carestia de Vida. Chega à Argentina Diego Abad Santillán, um dos mais importantes militantes e intelectuais anarquistas do nosso século, autor de uma vasta obra que inclui livros sobre o anarquismo e sindicalismo na Argentina.
1919	O anarquista português Manuel Ribeiro funda a Federação Maximalista Portuguesa, a primeira organização a defender o leninismo no país e que viria a dar origem ao Partido Comunista. No mesmo ano, no Brasil é fundado o chamado Partido Comunista do Rio de Janeiro, que mistura anarquismo e maximalismo. Em Portugal, em Coimbra, no Segundo Congresso Operário Nacional, é fundada a Confederação Geral do Trabalho (CGT), anarcossindicalista e inicia-se a publicação do jornal A Batalha, o mais importante jornal anarcossindicalista português. Semana Trágica em Buenos Aires, em greve geral violentamente reprimida, com centenas de mortos. É criada no Chile a IWW, central sindical de afinidade anarcossindicalista. É morto, após a derrota da Revolução Alemã, o pensador anarquista Gustav Landauer. É fundada a organização anarcossindicalista alemã Freie Arbeiter Union (FAU). É criada, em Moscou, a Internacional Comunista, conhecida por Terceira Internacional.
1920	Realizam-se, em Portugal, inúmeras greves, incluindo duas greves gerais. Morre precocemente em Portugal, Neno Vasco, um dos mais importantes militantes anarquistas de Portugal e do Brasil. Realiza-se o Terceiro Congresso Operário Brasileiro. Kropotkin escreve várias cartas a Lenin criticando a evolução autoritária da Revolução Russa. É fundado em Milão o diário anarquista Umanità Nuova. No Chile começa a publicar-se Claridad, a mais importante revista ácrata. Neste último país, durante a vaga repressiva nesse mesmo ano, morreu na prisão o poeta libertário Gómez Rojas.

1921	Morre na Rússia o pensador anarquista Piotr Kropotkin, depois de um longo exílio na Europa. O seu funeral foi a última grande manifestação livre dos anarquistas russos. Violenta repressão, na União Soviética, contra o soviete de Kronstadt e contra o movimento maknovista, abre caminho à violência autoritária do Partido Comunista. É criada em Moscou a Internacional Sindical Vermelha (PROFINTERN) tendo por objetivo ampliar a influência dos partidos comunistas sob o movimento operário. As tropas argentinas massacram os trabalhadores anarcossindicalistas da Patagônia.
1922	Morre o importante escritor Lima Barreto, autor de livros como *Triste Fim de Policarpo Quaresma*, colaborador da imprensa operária e simpatizante anarquista. Terceiro Congresso Operário Nacional em Portugal reafirma o sindicalismo revolucionário. Fundação do Partido Comunista do Brasil, aderente à Terceira Internacional, entre os fundadores estão vários ex-anarquistas. Marcha sobre Roma dos fascistas italianos leva Mussolini ao poder, desencadeando a repressão sobre o movimento operário e socialista. Em El Salvador é fundada a Unión Obrera Salvadoreña, de tendência anarcossindicalista e, em Cuba, a Federación Obrera de la Habana (FOH). Nos Estados Unidos morre, de forma suspeita, na prisão, o anarquista mexicano Flores Magón. No Chile é fundada uma nova organização anarcossindicalista, Federación Obrera Regional de Chile (que desaparece em 1927) e vai coexistir com a IWW também sindicalista revolucionária.

1923	É publicado um dos mais importantes livros anarquistas em língua portuguesa, *A Concepção Anarquista de Sindicalismo*, de Neno Vasco. Em Portugal greve geral de solidariedade com os mineiros. Realiza-se em Alenquer (Portugal) uma Conferência Anarquista que decide a criação da União Anarquista Portuguesa (UAP). No México é fundada a Alianza Local Mexicana Anarquista (ALMA). No Peru, anarcossindicalistas criam a Federación Regional de Obreros Indios. O anarquista Kurt Wilckens mata na Argentina o coronel Varela, que comandou o massacre da Patagônia.
1924	Manifestações em vários países, incluindo Portugal e Brasil, de solidariedade com os anarquistas Sacco e Vanzetti. Criação, em Bogotá, do Grupo Sindicalista Antorcha Libertária, no ano seguinte seria criada a Federación Obrera del Litoral Atlântico (FOLA), anarcossindicalista. É fundado por anarcossindicalistas, no Panamá, o Sindicato General de Trabajadores. O anarquista colombiano Biófilo Panclasta participa de lutas operárias em São Paulo, o que leva à sua prisão de deportação para o campo de concentração da Clevelândia, de onde veio a fugir. Chega à Argentina o militante anarquista francês Pierre Piller (Gaston Leval). No Chile, a adoção do Código Trabalhista e de uma política de integração dos sindicatos no Estado dá um rude golpe no sindicalismo autônomo.
1925	É fundada em Cuba a Confederación Nacional Obrera de Cuba, anarcossindicalista. Realiza-se na Colômbia o Segundo Congresso Operário que decide criar a Confederación Obrera Nacional.
1926	Golpe Militar em Portugal abre o caminho à ditadura fascista, visando responder ao crescimento das lutas operárias. Chega ao México o escritor e militante anarquista de origem polaca Ret Marut, que passou a assinar seus livros como Bruno Traven. Formação do primeiro grupo anarquista da Guatemala.

1927	Em Valência foi fundada a Federação Anarquista Ibérica (FAI) reunindo as organizações anarquistas das várias nacionalidades da península ibérica. Junto com a CNT, seriam as organizações que tiveram o papel decisivo na Revolução Espanhola de 1936. São mortos nos Estados Unidos Nicola Sacco e Bartolomeu Vanzetti, trabalhadores anarquistas italianos, num processo judicial fraudulento, que provocou a indignação do movimento operário internacional. Greve na Colômbia marca o momento mais alto do sindicalismo revolucionário no país.
1930	Golpe militar no Brasil prepara o caminho para a ditadura de Getúlio Vargas. Golpe militar do general Uriburu impõe uma ditadura a que seguirá uma outra de Perón, que destruirá o sindicalismo autônomo na Argentina.
1931	É fundada, no Chile, a Federación General de Trabajadores (CGT) anarcossindicalista, com uma estrutura semelhante à FORA argentina. Morre o anarquista francês Emile Pouget que, junto com Fernand Pelloutier, desenvolveu as ideias centrais do sindicalismo revolucionário. Greves em Cuba promovidas pelos anarcossindicalistas duram vários meses.
1932	Morre na Itália, sob liberdade vigiada, Errico Malatesta, o principal agitador e pensador anarquista italiano, que atuou em vários países, inclusive na Argentina.
1933	Os nazistas chegam ao poder na Alemanha desencadeando uma onda de repressão sobre as organizações operárias e socialistas. Morre o poeta alemão John Henry Mackay, grande divulgador do pensamento de Max Stirner.
1934	A CGT portuguesa, anarcossindicalista, desencadeia uma greve geral revolucionária em 18 de janeiro. A repressão que se seguiu destruiu o sindicalismo revolucionário e institui o sindicalismo corporativista fascista. Começa-se a publicar na França, por iniciativa de Sebastian Faure, a Enciclopédia Anarquista. Diego Abad Santillán parte para a Espanha onde teria um papel importante no contexto revolucionário.

1935	Morre em Paris o anarquista ucraniano Nestor Mackhno, que teve de se refugiar no ocidente após ser perseguido pelo governo russo. Morre, no Uruguai, o militante anarquista italiano Luigi Fabbri, companheiro de Malatesta, que desenvolveu intensa atividade na Europa e no Uruguai. Os anarquistas cubanos participam da luta contra a ditadura de Batista. É fundada clandestinamente na Argentina a Federación Anarco-Comunista Argentina (FACA)
1936	Como resposta ao golpe fascista do general Francisco Franco, os trabalhadores, sindicalistas e anarquistas assaltam os quartéis desencadeando um processo revolucionário libertário que teve de se confrontar com os fascistas de Franco, apoiados por Hitler, Mussolini e Salazar, internamente, com os estalinistas. O revolucionário Victor Serge, ex-anarquista, que se tornou militante do Partido Comunista da União Soviética, consegue exilar-se no ocidente, após um movimento internacional de solidariedade, vindo a denunciar os crimes do estalinismo. É morto a tiro em Madrid, em condições nunca esclarecidas, Buenaventura Durruti, o mais famoso revolucionário anarquista do nosso século.
1937	Realizam-se vários atentados em Portugal contra objetivos ligados aos fascistas espanhóis e alguns militantes anarquistas e comunistas executam um atentado contra o ditador Salazar, que consegue escapar com vida. Militantes operários, incluindo anarquistas e comunistas, são deportados para o campo de concentração do Tarrafal, em Cabo Verde. É implantada no Brasil a ditadura de Getúlio Vargas, adotando uma constituição de tipo fascista, passando a desencadear a sistemática repressão contra o movimento operário e particularmente sobre os anarquistas. É morto por estalinistas na Espanha o militante anarquista italiano Camilo Berneri. É criada em Portugal a Federação Anarquista da Região Portuguesa (FARP).

1939	As tropas de Franco derrotam as forças antifascistas, seguindo-se uma violenta repressão e o exílio de centenas de milhares de operários e anarquistas, que se refugiam na França, vindo alguns mais tarde para a América Latina. Franco e Salazar estabelecem o Pacto Ibérico, fundamentalmente destinado a articular a repressão contra o movimento operário. Começa a Segunda Guerra Mundial desencadeando-se a expansão nazifascista. Morre, em Monte Carlo, Benjamin Tucker, um dos mais destacados pensadores libertários americanos.
1940	Morre Emma Goldman, militante anarquista de origem russa, que teve uma importância central no anarquismo dos EUA. Expulsa em 1919 para a Rússia, teve de deixar o país pelas suas críticas à evolução autoritária da Revolução Soviética. Foi uma das primeiras vozes a se levantar contra o autoritarismo comunista.

Fonte: Arquivo de História Social Edgar Rodrigues (2010)

BIBLIOGRAFIA CONSULTADA

ARQUIVO DE HISTÓRIA SOCIAL EDGAR RODRIGUES. Cronologia do Anarquismo. Disponível em: <http://recollectionbooks.com/bleed/ArchiveMirror/ArquivoDeHist%F3riaSocialEdgarRodrigues/Cronologia%20do%20Anarquismo.htm>. Acesso em 5 jun. 2010.

CHAVES, L. C. *O que querem os Anarquistas?* Disponível em: <http://www.culturabrasil.pro.br/anarquia.htm> Acesso em 18 jun. 2010.

MALATESTA. E. *Anarquismo e Anarquia*. Disponível em:<http://www.anarkismo.net/article/11714> Acesso em 18 jun. 2010.

MONTEIRO, F. P.*O anarquista terrorista na imprensa escrita no século XIX*. Temporalidades, v. 1, n.º 2, p. 202-222, 2009.

MUNDO EDUCAÇÃO. *Socialismo Utópico*. Disponível em: <http://www.mundoeducacao.com.br/historiageral/socialismo-utopico.htm> Acesso em 18 jun. 2010.

SHANTZ, J. A. *Anarquia é Ordem: movimentos anarquistas como políticas construtivas*. **Impulso**, v. 15, n. 37, p. 69-77, 2004.

WIKIPÉDIA. Disponível em: Anarquismo.http://pt.wikipedia.org/wiki/Anarquismo. Acesso em 5 jun. 2010.

WIKIPÉDIA. Charles Fourier. Disponível em: http://pt.wikipedia.org/wiki/Charles_Fourier. Acesso em 18 jun. 2010.

Maçons e Carbonários Anarquistas na Itália e no Brasil

Anarquismo (do grego ἄναρχος, transl. *anarkhos*, que significa "sem governantes", a partir do prefixo ἀν-, *an-*, "sem" + ἀρχή, *arkhê*, "soberania, reino, magistratura" + o sufixo -ισμός, *-ismós*, da raiz verbal -ιζειν, *-izein*) é uma filosofia política que engloba teorias, métodos e ações que objetivam a eliminação total de todas as formas de governo compulsório. De um modo geral, anarquistas são contra qualquer tipo de ordem hierárquica *que não seja livremente aceita* e, assim, preconizam os tipos de organizações libertárias.

Anarquismo Italiano

As leituras históricas sobre o anarquismo italiano e internacional indicavam uma continuidade do anarquismo comunista e classista que, partindo da I Internacional, passava pelas lutas sociais numa boa parte do mundo no início do século XX, pelas lutas antibolchevistas e antiestalinistas, mas também pela atividade dos anarquistas antes e no decurso da revolução russa, durante o biênio vermelho na Itália, na Alemanha, na Áustria, na revolução mexicana antes e na espanhola depois. Na Itália o anarquismo se expressou pelas formas do comunismo anarquista, embora o que sobreviveu nos anos 70 sofresse pesadamente das "influências burguesas" em relação ao final do século XIX. Na Itália, a continuidade do comunismo anarquista foi interrompida por vários acontecimentos, dentre os quais o mais desastroso foi a influência econômica do anarquismo antiorganizador e aclassista ítalo-americano ligado ao jornal "L'Adunata dei Refrattari", durante o fascismo e no segundo após-guerra. Uma rebelião contra esta tendência, que se tinha apoderado do anarquismo italiano nos anos 50, foi a criação da organização de tendência "Grupos Anarquistas de Ação Proletária-GAAP", com os seus ótimos militantes de várias partes de Itália, dispersos após a expulsão do anarquismo oficial, feita pela FAI. Felizmente, muitos destes militantes – continuadores de uma ação de classe, apesar das "excomunhões" – uma vez procurados, estavam disponíveis para narrar, recuperando as experiências de ontem e do início dos anos 70 (DADÀ, 2010).

Anarquismo Italiano no Brasil

Conforme Castro (2010), na virada do século 20, o Brasil havia se tornado o novo lar de cerca de 1 milhão de italianos. Fugindo de uma severa crise econômica no país natal, a grande maioria chegava para tentar a sorte nas fazendas do interior paulista ou nas fábricas de São Paulo. Alguns, entretanto, atravessavam o oceano Atlântico com uma outra missão: difundir o anarquismo. Enquanto seus conterrâneos sonhavam em enriquecer, os imigrantes anarquistas queriam mesmo era derrubar o capitalismo. Como sabemos hoje, eles não conseguiram. Mas deixaram aos trabalhadores brasileiros uma lição importantíssima: sem organização e luta, ninguém conquista seus direitos. Conforme a indústria se desenvolvia na Europa, essa ideologia se espalhava entre os trabalhadores. No Brasil, a industrialização era novidade – e os anarquistas italianos queriam, desde o começo, contagiar o operariado daqui com suas ideias revolucionárias. Os ideais anarquistas circulavam em diversos panfletos e jornais. Muitos deles eram escritos diretamente em italiano. Esse era o caso de La Battaglia, o periódico que Oreste Ristori e Gigi Damiani fundaram, ao lado de outros anarquistas, em 1904. Impresso em São Paulo, ele muitas vezes cruzava as fronteiras do estado. Ristori costumava viajar para divulgar o La Battaglia, percorrendo o interior paulista, o sul de Minas Gerais e o Rio de Janeiro. Sua fama de grande orador precedia sua chegada. Sério, bradava contra a opressão dando baforadas no cachimbo. Mas, ao fim de cada discurso, Ristori se descontraía: arrumava um violão e abria uma roda para entoar cantos revolucionários. Influenciados pelos italianos, os brasileiros também produziam periódicos anarquistas. Em 1905, Edgard Leuenroth botou nas ruas o jornal Terra Livre, feito em parceria com o português Neno Vasco. O editorial do primeiro número dizia: "Tomamos o nome de anarquistas libertários porque somos inimigos do Estado. Somos anarquistas porque queremos uma sociedade sem governos". Outro veículo importante para a propaganda anarquista eram peças de teatro, com textos vindos da Europa ou escritos aqui mesmo. A crítica social estava por todos os lados. "É claro que havia um certo maniqueísmo, pois o trabalhador era sempre bom e o patrão era sempre o vilão. E as peças anticlericais mostravam a Igreja defendendo os interesses do capitalismo explorador", disse o anarquista Jaime Cubero à pesquisadora Endrica Geraldo, da Universidade Estadual de Campinas, num depoimento dado em 1994. O palco preferido para essas montagens, que ocorriam semanalmente, era o Teatro Colombo, que ficava no Brás. A disseminação das ideias anarquistas também acontecia nas salas de aula. Numa época em que o governo brasileiro mantinha pouquíssimas instituições de ensino, surgiram as chamadas Escolas Modernas. Inspiradas no método do Maçom anarquista espanhol Francisco Ferrer y Guardia, elas misturavam meninos e meninas (então uma inovação), defendiam o fim dos exames e dos castigos e, principalmente, uma educação científica, em oposição ao ensino religioso. A primeira escola moderna de São Paulo, a Escola Nova, foi criada no Brás em 1909. Na década seguinte, outras surgiram – na capital, no interior e em outros estados. "A ignorância era vista como um dos principais inimigos dos anarquistas."

Em abril de 1894, vários italianos foram presos por agentes de segurança – também conhecidos como "secretas" – ao saírem de uma reunião do Centro Socialista Internacional e foram fotografados como anarquistas uns, socialistas outros, alguns até como gatunos[18]. Dava-se, então, o que o chefe de polícia de São Paulo, Theodoro Dias de Carvalho Júnior, chamou de "o fato de maior importância" no que dizia respeito à segurança pública na capital. Dava-se também um dos eventos possivelmente mais conhecidos e comentados pela historiografia no que tange a militantes anarquistas nos anos 1890, perdendo apenas para a Colônia Cecília e talvez

---

[18] Gatunos: Ladrões.

para a morte do anarquista Polinice Mattei durante as celebrações da Unificação Italiana em 1898, na capital paulista. Não fora, no entanto, a primeira ação do governo republicano contra imigrantes denunciados como anarquistas, já tendo sido tomada uma série de providências contra imigrantes igualmente suspeitos e periódicos publicados por estes militantes nos anos anteriores (LEAL, 2006). Sua importância, porém, reside, por um lado, no interessante corpus de fontes gerado por meio da correspondência estabelecida pelos presos com o chefe de polícia, parentes e companheiros; dos ataques e defesas aos presos na imprensa paulista e em jornais italianos; da intensa correspondência oficial, tanto diplomática quando policial. Essas fontes possibilitaram a aproximação em relação a esses sujeitos, pois preservaram suas motivações, aflições e receios; também jogaram luz sobre a experiência desses indivíduos e sobre a organização do movimento anarquista, uma vez que os situaram em sua agência, nas atividades e grupos de que participavam, nos planos que buscavam colocar em prática, abrindo, portanto, espaço para suas vozes e ações.

Na tarde do dia 15 de abril de 1894, um domingo, diversos indivíduos deixaram o edifício situado na Rua Líbero Badaró (antiga Rua São José), número 110, sede do Centro Socialista Internacional, depois de uma reunião que se dera naquela tarde para se decidir sobre os festejos do próximo 1º de Maio, assim como sobre formas de melhorar a propaganda socialista e anarquista entre os trabalhadores. Alguns participantes, porém, não tinham ainda se afastado do local quando os agentes da polícia secreta os pararam. A mesma ação deu-se em diversos pontos da cidade e vários indivíduos foram conduzidos até a Repartição Central de Polícia para serem interrogados. A portaria que descreveu a ação policial de 15 de abril fez referência ao fato de, naquele Centro, celebrarem-se "semanalmente conferências de indivíduos socialistas anarquistas", as quais vinham sendo vigiadas; o presidente do Centro, Felice Vezzani, afirmou que havia sempre representantes da polícia nas conferências celebradas no Centro Socialista Internacional; relatou ainda que se eles estivessem cumprindo suas tarefas devidamente, saberiam que as intenções dos seus associados eram tranquilas e pacíficas. Sua afirmação voltou-se, principalmente, para o festejos do Dia do Trabalho, data que se aproximava quando os dez suspeitos de serem anarquistas foram presos, e para a qual a polícia paulista acreditava que se estavam preparando "graves acontecimentos para o dia 1º de Maio". Aparentemente, as prisões visavam aos integrantes ou mesmo simpatizantes do Centro Socialista Internacional: foram detidos Felice Vezzani, presidente do Centro e propagandista já conhecido na capital paulista por suas contribuições nos jornais anarquistas recém-suspensos, *L'Asino Umano* e *La Bestia Umana*; Arturo Campagnoli, que participava daquela associação havia já algum tempo; Galileo Botti, que a essa altura já devia estar acostumado a ser abordado pelos secretas de Theodoro Dias de Carvalho Júnior, tendo sido preso algumas vezes nos anos anteriores, mesmo antes de fundar o jornal *Gli Schiavi Bianchi*, em 1892; o tipógrafo Eugênio Gasteldetti, que afirmou não ser membro de tal associação, mas estava presente naquela reunião do Centro; Andrea Allemos, que residia com Gastaldetti na freguesia do Bom Retiro, e que tornaria a ser preso como anarquista no ano seguinte; Antonio Maffuci e Serafino Suppo, que contribuíam financeiramente para a manutenção do órgão semanal do Centro, *L'Asino Umano* (Idem). Outros foram presos sem que sua relação com o Centro fosse comprovada, como Augusto Bargione, Alfredo Capricci e Francesco Patelli, que permaneceram presos até dezembro com os italianos citados acima; Giuseppe Bacchini, Giulio Bologna, Alfredo Innocenzi, fotografados com os demais como "Socialistas e anarquistas", porém libertados em 5 de maio; Augusto Aremani e Gaetano Sandri (ou Santos), cujas fotografias não foram tiradas, sendo ainda que o primeiro sequer deu entrada na Cadeia Pública, enquanto o segundo foi libertado logo depois, em 20 de abril; e Augusto Stramazzi, também libertado nesse dia. Foram expedidas, mais tarde, ordens de prisão a diversos italianos que não se encontravam na reunião do Centro Socialista Internacional, entre eles o engenheiro Alcibiade Bertolotti, diretor do jornal *Il Messaggero*, o jornalista Mario Cattaruzza, redator desse mesmo jornal, e Vitaliano Rotellini, fundador do *Fanfulla*, os quais, porém, não chegaram a ser levados para a prisão de Luz, motivando, por um lado, o descontentamento do cônsul italiano, conde de Brichanteau, de quem partira a denúncia e que visava vingar-se dos "inimigos do reino" que ele representava (FELICI, 1994:93). A revolta de Felice Vezzani, destacou, meses mais tarde, quando sua prisão já completava oito meses, a perseguição que ele e seus companheiros – "todos operários" –, haviam sofrido em detrimento dos outros acusados, que seriam "pessoas muito bem defendidas". As providências em relação à maior parte dos presos, dez no total dos detidos naquela tarde de abril, parecem ter sido rapidamente acordadas: nesse mesmo dia 19, o Ministro da Justiça enviou um telegrama cifrado ao presidente do estado de São Paulo, Bernardino de Campos, comunicando que seriam concedidas as deportações dos "dinamitistas" que o presidente havia solicitado. Há mesmo indícios de que a expulsão dos anarquistas havia sido decidida antes mesmo da ação policial em questão, como sugere o telegrama enviado pelo cônsul Brichanteau ao Ministério dos Negócios Exteriores italiano, em 4 de abril de 1894 (onze dias antes da prisão), no qual afirma que o presidente do estado de São Paulo havia decidido, "mesmo antes que fossem presos, deportar os anarquistas italianos residentes em São Paulo e bem conhecidos pelo consulado". O decreto de deportação contra os dez anarquistas italianos só foi assinado em 4 de junho daquele ano e, em meados do mês seguinte, os presos foram enviados para a Capital Federal para que lhes fosse dado o destino apropriado. A decisão do Governo Federal era de mandá-los de volta para seu país natal e, em 27 de junho, foi feita a comunicação oficial à autoridade diplomática de que os presos seriam deportados para a Itália. No entanto, criou-se um impasse sobre seu destino: o cônsul italiano, instruído pelo

Ministério dos Negócios Exteriores, solicitou ao Governo Federal brasileiro que os anarquistas não fossem enviados de volta para aquele país, no que foi atendido, sendo proposto seu envio para o presídio de Fernando de Noronha. Todavia, e mais uma vez, a decisão do Governo brasileiro desagradou as autoridades italianas, certamente mais preocupadas com os protestos que tal medida provocaria do que com o destino dos anarquistas – uma vez que o cônsul daquela nacionalidade já propusera, inclusive, enviar os suspeitos "para o Pará e para o Amazonas, onde o próprio clima se [encarregaria] de pronunciar uma sentença inapelável". Novamente os presos foram obrigados a esperar pelas decisões e acordos das autoridades brasileiras e italianas. Instalados na prisão da Capital Federal, onde, segundo Felice Vezzani, a incomunicabilidade em que se encontravam em São Paulo fora, podendo assim, fazer contato com pessoas – "todos brasileiros" – que, "com inteligência e amor à justiça" agiram em seu favor. Felice Vezzani tomou para si a incumbência de narrar a experiência que ele e seus companheiros tiveram desde sua prisão, em abril, até meados de novembro, quando redigiu um longo texto publicado em São Paulo pelo jornal anarquista *L'Avvenire*. Seu artigo tinha a dupla função de denunciar as ilegalidades envolvidas na longuíssima prisão sua e de seus companheiros e de protestar contra a nova ordem de deportação. Em 9 de novembro, teria sido comunicado aos presos que seriam deportados dentro de oito dias, com a obrigação – sublinhada veementemente como "absurda" – de pagarem os bilhetes de embarque. No mês seguinte, a situação dos anarquistas estaria resolvida, mas os debates levantados e as medidas tomadas frente à prisão tão longa daqueles suspeitos merecem atenção neste artigo.

Carbonários, Maçons e as Questões Sociais no Brasil

Alguns estudos já buscaram mostrar, para o contexto europeu, as relações existentes entre Carbonarismo, Maçonaria e socialismo. A particularidade desta associação de ideias no Brasil é que todas essas correntes tinham em comum uma visão de mundo eivada de positivismo. Em outras palavras, no Brasil, Carbonários e Maçons não ficaram imunes a certa preocupação com as "questões sociais" de sua época, sobretudo pelo fato de serem também positivistas, que por esta época eram um dos porta-vozes dos problemas sociais no país.

A Carbonária era uma sociedade secreta e revolucionária que atuou na Itália, França, Portugal e Espanha nos séculos XIX e XX. Fundada na Itália por volta de 1810, tinha a ideologia assentada em princípios libertários e que se fazia notar por um marcado anticlericalismo. Participou das revoluções de 1820, 1830-1831 e 1848. Embora não tendo unidade política, já que reunia monarquistas e republicanos, nem linha e ação definida, os carbonários (do italiano *carbonaro*, "carvoeiro") atuavam em toda a Itália. Reuniam-se secretamente nas cabanas dos carvoeiros, derivando daí seu nome. Foram também os inventores do espaguete à carbonara. Inventaram uma escrita codificada, para uso em correspondência, utilizando um alfabeto carbonário.

O alfabeto carbonário é um cifrário monoalfabético, ou seja, forma pares equivalentes de letras para substituição de uma por outra, mas não de forma aleatória, obedecendo a regras de articulação das letras:

- **Com pronúncia labial (B:P);**
- **Palatal (S:Z);**

- Dental (F:V);
- Vocal com abertura similar (A;O) e (E:I).

Portanto, este alfabeto prevê que uma letra substitua outra, segundo a seguinte regra de conversão:

Original: A|B|C|D|E|F|G|H|I|L|M|N|O|P|Q|R|S|T|U|V|Z
Criptado: O|P|G|T|I|V|C|H|E|R|N|M|A|B|Q|L|Z|D|U|F|S

Destarte pode-se apresentar como exemplo:

Original: PREFERISCO IL GELATO
Criptado: BLIVILEZGA ER CIRODA

Esta criptografia era utilizada nas cartas secretas pelos membros da Carbonária italiana, sociedade secreta fundada em Nápoles, no início dos 1800, de valores patrióticos e liberais. Este alfabeto foi um dos primeiros cifrados a utilizar um cifrário com letras superpostas

A Carbonária tinha uma organização interna semelhante à da Maçonaria, com a qual, aliás, tinha algumas afinidades ideológicas (combater a intolerância religiosa, o absolutismo e defender os ideais liberais) e esteve aliada em certos momentos, havendo mesmo elementos que pertenciam às duas organizações.

Segundo Brun (2010), estes são os princípios da Carbonária

1 – A Carbonária é uma associação independente, de afinidades, que procura intervir diretamente na defesa dos interesses econômicos, sociais e culturais dos indivíduos.

2 – A prática desta aliança baseia-se nos problemas concretos e nos interesses imediatos e mediatos dos indivíduos. A sua ação visa, simultaneamente, a melhoria do quadro do sistema social vigente das condições de vida de todos os explorados e a emancipação dos indivíduos. A edificação de uma

sociedade assente no comunismo libertário e a substituição da organização autoritária capitalista por uma confederação de comunas livres locais, igualitárias e libertárias, constitui o objetivo final da Carbonária.

3 – A Carbonária pratica e defende a união livre e solidária dos indivíduos, as suas assembleias destinam-se a chegar a acordos livres, os seus membros são autônomos.

4 – A utilização do método da ação direta e o recurso à arma da solidariedade constituem dois aspectos essenciais da prática da Carbonária.

5 – A Carbonária é uma associação internacionalista, defende a existência de uma solidariedade prática entre os indivíduos e povos de todo o mundo. Sendo internacionalista é consequentemente antimilitarista. A Carbonária opõe-se a que os indivíduos e os povos de todo o mundo sejam carne para canhão das guerras interestados e intercapitalistas, que se matem uns aos outros para defender interesses capitalistas, religiosos ou de Estados nacionais. À divisão da sociedade humana em Estados nacionais e à competição religiosa e econômica capitalista, o coletivo opõe a união pelo livre acordo, todos os indivíduos, povos, países e regiões do mundo na base da supressão do trabalho assalariado e da instauração de uma efetiva igualdade social. A Carbonária combate todas as manobras da classe dirigente e exploradora (nacionalismos, racismo etc.) que visam dividir os indivíduos e a classe explorada.

6 – Na Carbonária não existem funções deliberativas ou executivas, nem representantes eleitos ou cargos remunerados. Existem, sim, órgãos com funções de relacionamento e organização que são revogáveis a qualquer momento.

7 – A Carbonária baseia-se nos princípios do federalismo anarquista, rejeita todo ou qualquer tipo de coação ou imposição,

de maiorias ou minorias, ou seja, baseia-se no princípio da autonomia dos indivíduos e das suas associações.

8 – A Carbonária não tem qualquer ajuda financeira de entidades exteriores, as suas receitas são os donativos dos seus membros ou aderentes e as provenientes de ações e edições de propaganda.

9 – A Carbonária baseia-se no principio da responsabilidade individual, ou seja, a Carbonária é solidária com qualquer um dos seus membros e/ ou libertários que sejam objeto de repressão, sejam eles pacifistas ou insurrecionalistas. A Carbonária desresponsabiliza-se de atos isolados que não tenham sido discutidos e aceitos por livre acordo.

10 – A Carbonária procura estabelecer alianças com outras organizações revolucionárias, indivíduos e coletivos afins, com o intuito de levar a cabo ações nacionais e internacionais comuns, estas alianças não serão nunca estabelecidas com partidos políticos ou organizações que aceitem o estado como fator de organização social.

11 – A Carbonária dá especial atenção à defesa dos interesses das camadas pobres e discriminadas da sociedade, sejam elas minorias étnicas, deficientes, presos, idosos, transexuais e outros grupos que não se encaixem no status e estereótipos vigentes.

A Carbonária defende a igualdade social, a diversidade, a solidariedade e a cooperação voluntária ou a união pelo livre acordo, rejeita, portanto, a família instituição e as relações baseadas na coação e defende consequentemente o amor livre e a liberdade no amor e as uniões livres amorosas. Para a Carbonária a liberdade é insubstituível.

Carbonária na Itália

Ela surgiu em Nápoles, dominada pelo general francês Joaquim Murat, cunhado de Napoleão Bonaparte. Lutava contra os franceses, porque as tropas de Napoleão haviam iniciado uma espoliação da Itália, embora defendessem os mesmos princípios de Bonaparte. Os membros da Carbonária, principalmente da média e da pequena burguesia, tratavam-se por primos. As associações da Carbonária tinham uma relação hierárquica. Chamavam-se choças (de menor importância), barracas e vendas, sendo estas as mais importantes. As vendas, cada uma contendo vinte membros, desconheciam os grandes chefes. Todas as orientações eram transmitidas por elas. Havia uma venda central, composta por sete membros, que chefiava o trabalho das demais. A Carbonária não tinha nenhuma ligação popular, pois, como sociedade secreta, não propagandeava suas atividades. Além disso, a Itália era uma região agrícola e extremamente católica, com camponeses analfabetos e religiosos, que tradicionalmente se identificavam com ideias e chefes conservadores. Silvio Pellico (1788–1854) e Pietro Maroncelli (1795–1846) foram membros proeminentes da Carbonária. Ambos foram presos pelos austríacos por anos, muitos dos quais na fortaleza Spielberg, em Brno, no sul da Morávia. Depois de solto, Pellico escreveu o livro *Le mie prigioni*, descrevendo seus dez anos na prisão. Maroncelli perdeu uma perna na prisão e ajudou na tradução e edição do livro de Pellico, em Paris (1833). Outros proeminentes membros da sociedade foram Giuseppe Garibaldi e Giuseppe Mazzini, que posteriormente saiu da sociedade e passou a criticá-la.

Silvio Pellico (1789-1854)

Silvio Pellico (Saluzzo, 1789 – Turim, 31 de janeiro de 1854) foi um escritor e dramaturgo italiano. Depois de estudar em Pinerolo e Torino, dirigiu-se a Lyon, na França, para fazer tratativas comerciais. No seu retorno à Itália em 1809, estabeleceu-se em Milão. Depois de travar relações com o poeta Vincezo Monti e com o escritor Niccolò Foscolo, mais conhecido como Ugo Foscolo, a partir de 1812 começou a escrever, principalmente para o teatro. Seu profundo sentimento patriótico levou-o à prisão em 1820, sob a acusação de pertencer à Carbonária. Julgado, foi sentenciado à morte, mas sua pena foi comutada para 15 anos de prisão em regime forçado, a serem cumpridos na Fortaleza de Špilberg, na Morávia.

Prisão de Silvio Pellico e Piero Maroncelli

Recebendo o perdão do Imperador, foi libertado em 1830 e dirigiu-se para Turim, onde permaneceu durante algum tempo no Palazzo Barolo como hóspede do casal Barolo, retirando-se completamente das atividades políticas, e mesmo dos círculos literários, dos quais fazia parte desde 1812, quando começou a escrever, especialmente para o teatro. Suas peças tinham por base estilística a tragédia clássica, mas muito identificadas com um conteúdo romântico.

Passou a viver de um cargo de bibliotecário, que conseguiu graças à interferência da Marquesa de Barolo. Entretanto, jamais esqueceu de suas experiências como prisioneiro, as quais transmitiu em sua obra mais memorável, *Le mie prigioni*, de 1832. Silvio Pellico faleceu em Turim, no dia 31 de janeiro de 1854.

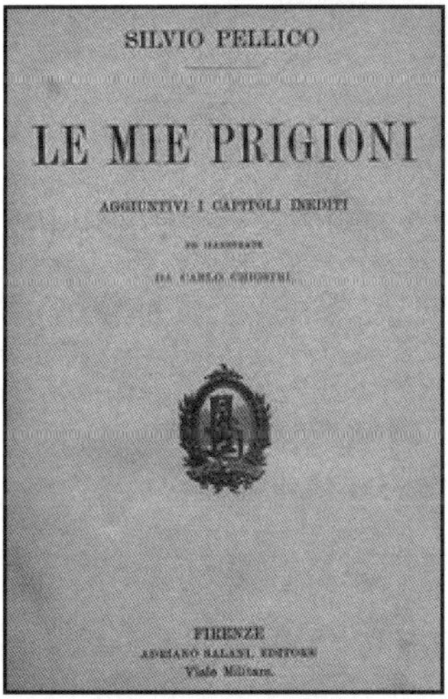

Le mie prigioni, de 1832

Pietro Maroncelli (1795-1846)

Pietro Maroncelli (Forli, 1795 – Nova York, 1846) foi um músico italiano. Sendo carbonário, foi preso em 1820, junto com Silvio Pellico, e condenado à morte. Depois, sua pena foi comutada de 20 anos de prisão em regime forçado. Durante o cumprimento de seu período de cárcere, depois de um acidente, teve uma perna amputada. Estando impedido fisicamente de realizar trabalhos forçados, terminou sendo liberado em 1830, exilando-se em Paris, e posteriormente em Nova Iorque. Em 1833, foi um dos que realizaram a tradução para o francês da obra de Silvio Pellico, *Le mie prigioni*. Depois aderiu ao socialismo utópico de François-Marie-Charles Fourier. Pietro Maroncelli morreu em Nova Iorque no ano de 1846, cego e inválido.

Para entender como foi o século XIX Maçônico Milanês, basta apenas olhar o nome de seus membros:
Vincenzo Monti, Andrea Appiani, **Pietro Maroncelli**, Melchiorre Gioia, Gaetano Pini, Giuseppe Missori, para não mencionar os nomes mais populares dos famosos irmãos.

Fonte:http://partitodelsud.blogspot.com/2009/12/quellelogge-iniziatiche-che-videro.html

Giuseppe Garibaldi

Giuseppe Garibaldi (Nice, 4 de julho de 1807 – Caprera, 2 de junho de 1882) foi um guerrilheiro italiano, alcunhado de "herói de dois mundos" devido a sua participação em conflitos na Europa e na América do Sul. Uma das mais notáveis figuras da unificação italiana, ao lado de Giuseppe Mazzini e do Conde de Cavour, Garibaldi dedicou sua vida à luta contra a tirania. Nasceu em *Nizza* (hoje Nice, na França), então ocupada pelo Império Francês e que retornaria ao reino de Sardenha-Piemonte, com a queda de Napoleão Bonaparte, para ser em seguida cedida à França por Cavour.

BRASIL

No Brasil, aproximou-se dos republicanos que haviam proclamado a República Rio-grandense (11 de setembro de 1836), no Rio Grande do Sul, e tornou-se uma figura importante na Guerra dos Farrapos, ou Revolução Farroupilha, na qual os republicanos do sul combateram o Império do Brasil. Ao lado do general Davi Canabarro, tomou o porto de Laguna, em Santa Catarina, onde foi proclamada a República Catarinense (República Juliana). A marinha da jovem República Rio-grandense estava bloqueada na lagoa dos Patos, pois as forças imperiais dominavam a cidade de Rio Grande, na saída da lagoa para o mar. Para levar as forças republicanas até a cidade de Laguna, Garibaldi levou seus dois barcos através de um trecho de 86 quilômetros de terra, utilizando enormes carretas puxadas por duzentos bois. Em Laguna, Garibaldi conheceu Ana Maria de Jesus Ribeiro, conhecida depois como Anita Garibaldi, com quem se casaria e que se tornaria sua companheira de lutas na América do Sul e depois na Itália. Quando, após quase uma década de luta, ficou evidente que a República Rio-grandense estava condenada a desaparecer, o presidente Bento Gonçalves dispensou Garibaldi de suas funções, e ele então mudou-se para Montevidéu, no Uruguai, com Anita e seu filho Menotti, nascido em Mostardas, no litoral sul do estado do Rio Grande do Sul.

> *Eu vi corpos de tropas mais numerosas, batalhas mais disputadas, mas nunca vi, em nenhuma parte, homens mais valentes, nem cavaleiros mais brilhantes que os da bela cavalaria rio-grandense, em cujas fileiras aprendi a desprezar o perigo e combater dignamente pela causa sagrada das nações.*
>
> *Quantas vezes fui tentado a patentear ao mundo os feitos assombrosos que vi realizar por essa viril e destemida gente, que sustentou, por mais de nove anos contra um poderoso império, a mais encarniçada e gloriosa luta!*
>
> *Garibaldi*

URUGUAI

No Uruguai, em 1842, na Guerra Grande, foi nomeado capitão da frota uruguaia em sua luta contra o governador de Buenos Aires, Juan Manuel de Rosa. No ano seguinte, durante a defesa de Montevidéu, organizou a Legião Italiana, cujos membros foram os primeiros "camisas vermelhas[19]". A Legião foi essencial

[19] Grupo de voluntários que posteriormente se tornaria o símbolo das forças comandadas por Garibaldi nas muitas campanhas pela unificação italiana. A Legião organizada e comandada

para evitar a tomada de Montevidéu pelas tropas do presidente uruguaio Manuel Oribe.

Giuseppe Garibaldi, óleo sobre tela, Gerolamo Induno, 1870, Museo del Risorgimento

ITÁLIA

Garibaldi regressou à Itália em 1848 para lutar na Lombardia contra o exército austríaco e iniciar a luta pela unificação italiana. Sua tentativa de expulsar os austríacos fracassou e teve que refugiar-se primeiro na Suíça e depois em Nice, atualmente na França. Ao final de 1848, o papa Pio IX, temendo as forças liberais, abandonou Roma, para onde foi Garibaldi junto com um grupo de voluntários. Em fevereiro de 1849 foi eleito deputado republicano na assembleia constituinte da recém-proclamada República Romana. Em abril,

---

por Giuseppe Garibaldi em 1843 foi essencial para evitar a queda de Montevidéu na Guerra Grande, no Uruguai. Durante o Risorgimento italiano, cerca de mil soldados voluntários que Giuseppe Garibaldi comandou na expedição dos Mil a Sicília, em 1860, foram chamados grupo dos Mil ou *cammisirussi*.

enfrentou um exército francês que tentava restabelecer a autoridade papal. Em maio, um exército napolitano juntou-se aos franceses.

Ainda que não tivesse opção alguma para evitar a queda de Roma, sua luta se converteu em uma das mais épicas passagens do Risorgimento. Em 1º de julho Roma finalmente caiu. Quando a assembleia da República Romana decretou o fim da luta frente aos franceses, Garibaldi recusou o salvo-conduto que foi oferecido a ele e a sua família pelo embaixador americano, e preferiu continuar a luta:

> *A sorte, que hoje nos traiu, sorrirá para nós amanhã. Estou saindo de Roma. Aqueles que quiserem continuar a guerra contra o estrangeiro venham comigo. Não ofereço pagamento, quartel ou comida. Ofereço somente fome, sede, marchas forçadas, batalhas e morte. Os que amam este país com seu coração, e não com seus lábios apenas, sigam-me.*
>
> ***Garibaldi***

Seguiram-lhe 3.900 soldados (800 deles a cavalo). À sua caça, três exércitos (franceses, espanhóis e napolitanos) com 40 mil soldados. Ao norte lhe esperava o exército austríaco com quinze mil soldados. Na fuga, sua esposa, Anita Garibaldi, conhecida como a "Heroína dos Dois Mundos", faleceu em 4 de agosto de 1849, em Mandriole, na Itália. Anita está enterrada no Janículo em Roma, onde há um monumento em sua homenagem.

Condenado pela segunda vez ao exílio, em 1849, depois de uma estada em Tânger, Garibaldi mudou para Staten Island, aonde chegou em 30 de julho de 1850, permanecendo exilado na tentativa de evitar publicidade. Foi hospedado pelo inventor Antonio Meucci e passou o tempo como fabricante de velas na fábrica deste em Staten Island, mas insatisfeito. Mais tarde, como capitão de navio, fez diversas viagens pelo Pacífico, a mais longa delas de dois anos, a partir de abril de 1851. Durante esta viagem visitou a heroína revolucionária andina Manuela Sáenz[20] no Peru.

Garibaldi deixou Nova Iorque pela última vez em novembro de 1853, a cabana onde ele residiu em Staten Island, entre 1851 e 1853, está listada no Registro Nacional de Lugares Históricos dos Estados Unidos e é mantida como Garibaldi Memorial.

Em 21 de março de 1854, Garibaldi chegou à desembocadura do rio Tyne, no nordeste da Inglaterra, como capitão do barco *Commonwealth*, vindo de Baltimore.

> *Garibaldi, uma figura célebre em Tyneside, foi recebido com entusiasmo pelos trabalhadores locais. Como lembrança de sua estada no local, foi presenteado com uma espada, comprada com o dinheiro recolhido entre a população. Seu neto lutou com esta espada na África do Sul, quase um século depois, ao lado do Exército Britânico, como voluntário na Segunda Guerra dos Bôeres. Garibaldi permaneceu em Tyneside mais de um mês, partindo no final de abril de 1854.*

Garibaldi voltou à Itália em 1854. Em 1859, participou da Segunda Guerra de Independência. Cavour, primeiro-ministro sardo-piemontês, o nomeou comandante das forças sardo-piemontesas em luta contra os austríacos na Lombardia. Venceu, com seu regimento de 3.000 homens conhecido como os Caçadores dos Alpes (*Cacciatori delle Alpi*), em Varese e em Como, ambas em maio de 1859, e entrou em Bréscia no mês seguinte, com o que a Lombardia foi anexada ao Reino da Sardenha.

Conseguida a unificação do norte do país, Garibaldi voltou sua atenção à Itália central. Vítor Emanuel II, rei sardo-piemontês,

---

[20] Manuela Sáenz Thorne (Quito, 27 de dezembro de 1797 – Paita, 23 de novembro de 1856) foi uma revolucionária que lutou para a independência das colônias sul-americanas da Espanha, ao lado de Simão Bolívar, de quem foi amante.

em princípio deu o apoio a um ataque contra os territórios papais, mas à última hora o obrigou a abandonar o projeto. Garibaldi aceitou a decisão e se manteve fiel, porém a cessão de Nice e Savóia à França por parte de Cavour e Vítor Emanuel lhe pareceu um ato de traição e decidiu atuar por sua conta. Como ao norte um acordo era impossível, em 5 de maio de 1860 Garibaldi deixou o porto de Gênova com mil soldados (os "camisas vermelhas"), na chamada Expedição dos Mil para iniciar a luta pela libertação do sul da Itália. Conquistou então a Sicília e, em setembro, o Reino de Nápoles. A luta terminaria em 26 de outubro de 1860 quando Garibaldi, então governante absoluto do sul da Itália, promoveu, em Teano, nas proximidades de Nápoles, o encontro de suas tropas com as do rei Vítor Emanuel II, do Piemonte, que foi saudado por Garibaldi como Rei da Itália. No dia 7 de novembro Garibaldi e o rei entraram cavalgando lado a lado em Nápoles. Em 1861, Vítor Emanuel II foi coroado como primeiro rei da Itália unificada, embora Roma ainda não estivesse em seus domínios.

Garibaldi então recusou o título de nobreza e a pensão vitalícia que o rei lhe ofereceu e retira-se para sua pequena casa na ilha de Caprera. Ele, porém, não considerava terminada sua missão, pois Roma continuava fora do Reino de Itália.

Em 1866, Garibaldi voltou à luta, para libertar Veneza, ainda sob domínio austríaco.

Em 1870, lutou em sua última campanha. Embora os franceses fossem seus inimigos no passado, lutou ao lado deles na guerra Franco-prussiana (1870-1871). Conduziu um exército de voluntários em apoio ao exército da nova França republicana (batalha de Digione), o Exército dos Vosges, que nunca foi derrotado na guerra.

Após a derrota francesa no conflito, em 1871, Garibaldi foi eleito deputado à nova Assembleia Nacional Francesa na lista dos republicanos radicais, como deputado da Côte-d'Or, Paris, Argel e, naturalmente, sua cidade natal Nice: esta quádrupla eleição foi, porém, invalidada pela Assembleia. Apesar de eleito para o parlamento italiano, Garibaldi passou a maior parte dos seus últimos anos em Caprera. Também deu apoio ao projeto de aterramento das áreas ao sul do Lácio.

Em 1879, fundou a "Liga da Democracia", propondo o sufrágio universal, a abolição da propriedade eclesiástica, a emancipação feminina

Doente e de cama por causa de artrite, fez viagens à Calábria e Sicília. Em 1880, casou com Francesca Armosino, com quem tinha tido previamente três filhos.

Em 2 de junho de 1882, aos 74 anos, Giuseppe Garibaldi morreu em sua casinha na ilha de Caprera. Embora tenha deixado instruções detalhadas para sua cremação, seu corpo foi enterrado na ilha de Caprera, onde repousa com sua última esposa e alguns de seus filhos.

Corpo de Garibaldi enterrado na ilha de Caprera, onde repousa com sua última esposa e alguns de seus filhos.

Giuseppe Mazzini (1805 — 1872)

Giuseppe Mazzini (Gênova, 22 de junho de 1805 – Pisa, 10 de março de 1872) foi político e revolucionário do movimento italiano chamado Risorgimento.

Em 1830, tornou-se membro da Carbonária, uma sociedade secreta com objetivos políticos. A sua atividade revolucionária o obrigou a refugiar-se em Marselha, onde organizou um novo movimento político chamado Jovem Itália. O lema da sociedade era "Deus é o povo" e o seu objetivo era a união dos estados italianos numa única república, que seria a única condição possível de libertar o povo italiano dos invasores estrangeiros. O objetivo republicano e unitário deveria ser conseguido com uma insurreição popular. Mazzini fundou outros movimentos políticos pela libertação e unificação de outros estados europeus: a Jovem Alemanha, a Jovem Polônia e por fim a Jovem Europa.

Do exílio, Mazzini continuou a perseguir o seu objetivo, em meio à adversidade com inflexível constância. Todavia a sua importância foi mais ideológica que prática. Depois do fracasso da revolução de 1848, durante a qual Mazzini esteve à frente da breve experiência da República de Roma, os nacionalistas começaram a ver no rei de Sardenha e em Camilo Benso, Conde de Cavour, os líderes do movimento de reunificação. Isto significou separar a unificação da Itália da reforma social e política proposta por Mazzini.

Cavour foi hábil na construção de uma aliança com a França e na condução de uma série de guerras que levaram ao nascimento do estado italiano entre 1859 e 1861, mas a natureza política do novo Estado estava bem longe da república de Mazzini.

Mazzini não aceitou jamais a monarquia e continuou a lutar pela sua "doutrina simultaneamente mística e republicana, recusando aliança com o socialismo marxista". Em 1870, foi de novo preso e condenado ao exílio, mas ele retorna, com nome falso, a Pisa, onde viveu até sua morte em 1872.

> *"Um grande homem, na linguagem corrente, não precisa ser bom nem nobre – eu não tenho memória que a um só homem neste século tenham sido dados estes três qualificativos, mesmo pelos seu inimigos: Mazzini."*
>
> *Friedrich Nietzsche*

A CARBONÁRIA NO BRASIL

No Brasil a carbonária encontrou respaldo entre os adeptos do republicanismo, sobretudo aqueles que mantinham certa preocupação social e que, por isso, tendiam a se aproximar das ideias socialistas em voga. Um exemplo interessante é o do jornal Carbonário, publicado entre 1881 e 1890. Em seu número inicial destacava a necessidade da existência no país de "sociedades políticas-secretas", defendendo que somente através das "conspirações" seria possível a vitória das "classes baixas". Talvez por isso não aceitasse assinaturas e nem indicasse os nomes de seus redatores. Mas não se deve levar muito a sério este seu caráter secreto e conspirador, pois que nestas mesmas linhas iniciais ele terminava enfatizando que não "doutrinava" com "a luz sinistra do archote incendiário", mas que zelava pela "supremacia única que a razão aceita – verdade e justiça". A sua relação com Maçons era notória, já que era o próprio jornal que afirmava ser "a Maçonaria a associação mais antiga, mais útil e mais importante" que existia no Brasil, embora distinguisse entre a "falsa" e a "verdadeira", sendo esta a que mais se aproximava da "beneficência pública" e do "amor ao justo".

Maçons Anarquistas Italianos que atuaram no Brasil

ERRICO MALATESTA

Conforme Neves Filho (2010), Errico Malatesta, italiano e também Maçom e anarquista, ao contrário dos demais teóricos do anarquismo, viu no programa desta doutrina um complexo de objetivos a alcançar e de caminhos e meios para alcançá-los, independentemente de todo apriorismo doutrinário, quer fosse científico (tal como com Kropótkine), quer filosófico (é o caso de Stirner, Bakúnine, Tolstói e outros). Por outras palavras, a Anarquia era, para Malatesta, simplesmente, "um modo de vida individual e social, a realizar para o maior bem de todos", e não uma teoria científica ou um sistema filosófico. É um objetivo prático, que os anarquistas se propõem alcançar, valendo-se das próprias forças e da ajuda de quantos estejam de acordo, em todo ou em parte, com eles, e da influência que exerçam sobre as massas. Trata-se, em resumo, de uma concepção voluntarista da Anarquia e da Revolução, distinta e até, em parte, em contraste com a determinista (Bakúnine e Kropótkine) ou fatalista, inevitável (Karl Marx), determinada automaticamente por uma suposta lei natural do progresso e da ciência. A Anarquia só é realizável na medida em que os homens a tal se proponham, e a Revolução será instrumento de progresso em sentido anárquico, unicamente na proporção em que o anarquismo, ou seja, uma consciente vontade anarquista, obrar nela como força propulsora e realizadora. Esta concepção voluntarista da Anarquia e da Revolução, de que foram principais vulgarizadores, em Portugal, Neno Vasco, o Manuel Joaquim de Souza, e, no Brasil, José Oiticica e Edgard Leuenroth, trouxe poderoso afluxo de vitalidade ao movimento anarcossindicalista, contribuindo extraordinariamente para a pujança combativa e realizadora da Confederação Geral do Trabalho (C.G.T.) em Portugal e França; da Confederación Nacional del Trabajo (CNT) em Espanha; da Federación Obrera Regional Argentina (FORA), Federación Obrera Regional Uruguaya (PORU) e da Confederação Operária Brasileira.

GIUSEPPE CROCCIA

O italiano Giuseppe Croccia, foi um músico boêmio, Maçom e anarquista, que exerceu profunda influência na formação do seu neto, o ator, escritor e poeta brasileiro Mário Lago[21].

BIBLIOGRAFIA CONSULTADA

BRUN. *Carbonária Anarquista*. Disponível em: <http://carbonaria.spaces.live.com/blog/cns!841B8CC94F4434ED!352.entry> Acesso em 05 jun. 2010.

CASTRO, M. S. *Imigrantes anarquistas:* Sem pátria nem patrão. Disponível em: http://historia.abril.com.br/politica/imigrantes-anarquistas-patria-nem-patrao-435180.shtml Acesso em 05 jun. 2010.

DADÀ, A. *Comunistas anarquistas em Itália*: ontem e hoje. Disponível em: <http://www.fdca.it/fdcapt/anarquia/armazem/dada-comanemitalia.htm> Acesso em 05 jun. 2010.

[21] Mário Lago (Rio de Janeiro, 26 de novembro de 1911 – Rio de Janeiro, 30 de maio de 2002) foi um advogado, poeta, radialista, letrista e ator brasileiro. Autor de sambas populares como "Ai, que saudades da Amélia" e "Atire a primeira pedra", ambos em parceria com Ataulfo Alves, fez-se popular entre as décadas de 40 e 50.

LEAL, C. F. B. Anarquismo e segurança pública: São Paulo, 1894. **História Social.** n. 16, p. 45-61, 2009.

LEONIDIO, A. Carbonários, maçons, positivistas e a questão social no Brasil na virada do século XIX. **Fênix – Revista de História e Estudos Culturais**, vol. 5, ano V, nº 3, p. 1-16, 2008.

NEVES FILHO, R. Da anarquia, como a mais alta expressão da ordem, e dos caminhos para alcançá-la. Disponível em: http://betodasneves.multiply.com/journal/item/6/6 Acesso em 05 jun. 2010.

WIKIPÉDIA. Anarquismo. Disponível em: <http://pt.wikipedia.org/wiki/Anarquismo>Acesso em 05 jun. 2010.

WIKIPÉDIA. Carbonária. Disponível em: http://pt.wikipedia.org/wiki/Carbonária Acesso em 05 jun. 2010.

WIKIPÉDIA. Giuseppe Garibaldi. Disponível em:<http://pt.wikipedia.org/wiki/Giuseppe_Garibaldi> Acesso em 05 jun. 2010.

Maçons Anarquistas Portugueses

Anarquismo Português

Segundo Zarcone (2010), o grande movimento de revolta social iniciado no século XIX e que notoriamente se propagou ao nível das massas na Península Ibérica, geralmente é conhecido como a grande epopeia anarquista e comunista libertária da Espanha. Poucos sabem que este fenômeno não deixou indiferente o outro, e não muito falado, Estado da mesma península, Portugal, uma das regiões mais atrasadas da Europa Ocidental, até hoje.

Contudo, no longo período de tempo que se estende desde o fim do século XIX, um papel absolutamente decisivo foi desenvolvido por algumas gerações de revolucionários autênticos, que - quer dentro, quer fora de Portugal – podemos justamente incluir no rol dos "esquecidos" da historiografia oficial: os anarquistas portugueses. Na prática, três fatores atuaram para que sobre o anarquismo português caísse um esquecimento quase completo:

a. a posição muito isolada que Portugal acabou por assumir trouxe menos consideração de boa parte da Europa continental, desde o fim da sua hegemonia marítima (disputada com Espanha, Inglaterra e Holanda); talvez daí advenha que as pessoas de cultura média pouco ou nada saibam em relação a Portugal;

b. a grande importância da epopeia anarquista espanhola na história das revoluções européias do século passado que também fez concentrar, de modo absorvente, a atenção dos historiadores do movimento anarquista e libertário;
c. a ocultação propositada, com fins propagandísticos, por parte de "leninistas" em relação às origens anarquistas do PCP; os seus intelectuais orgânicos reescreveram e divulgaram uma história que não "confundisse" as massas (o mesmo aconteceu na Itália depois do 25 de Abril de 1945). Assim, são bem poucos os que sabem que graças a estes "esquecidos", o anarquismo – pelo menos até aos anos 40 do século passado – foi a corrente ideológica predominante no meio da classe operária portuguesa. Isto, graças ao trabalho de mulheres e homens que dedicaram a sua vida e as suas melhores energias, físicas e psíquicas, a um ideal altruísta sem pedir nada para si (em conformidade com as suas próprias ideias), que conheceram as perseguições, as prisões e as deportações, a tortura, o exílio, a pobreza e a morte; nem sequer recebendo um "obrigado", caídos no esquecimento no seu próprio país (para os anarquistas é um hábito), mas cuja paixão ainda tem hoje gente devotada, igualmente desinteressada, numa situação geral bem mais difícil do que a da Espanha atual.

A memória do que estas "grandes pequenas" pessoas fizeram merece ser recuperada e mantida, porque se trata de nossos companheiros, dos quais não se pode dizer (usando a expressão de Miguel de Unamuno para estigmatizar a indolência do homem medíocre) que *murieron sin haber vivido*.

Conforme O Libertário (2010), o lançamento do movimento libertário em Portugal é no ano de 1886, a partir da vinda do geógrafo Elisée Reclus e do seu encontro com José Antônio Cardoso. A vigorosa difusão das ideias anarquistas teve êxitos positivos também em relação ao desenvolvimento das associações de trabalhadores e dos instrumentos de divulgação do pensamento libertário e da luta de classes: entre 1886 e 1900 constituíram-se 12 grupos anarquistas em Lisboa (cidade com cerca de 300.000 habitantes), 4 no Porto (150.000 habitantes), 2 em Coimbra (17.000 habitantes) e 2 noutras localidades. Naquela altura editaram-se 8 jornais em Lisboa, 6 no Porto e 4 em Coimbra; sem falar da miríade de folhetos. E tão eficaz foi a propaganda anarquista que no Partido Socialista houve um abalo relevante na quantidade de aderentes. Não se pode esquecer o contributo importante para a formação do anarquismo português dado por Elisée Reclus, que visitou Lisboa e o Porto em 1886.

Em 1886, formou-se um comitê anarquista que editou um órgão mensal com o seu nome: "A Centelha".

Com exceção do sindicalismo de ação directa, o anarquismo foi a componente do movimento social que exerceu mais influência na sociedade portuguesa entre 1886 e 1936.

A partir de 1886, houve um grande crescimento do número de grupos anarquistas. Em cada ano há, em média, cerca de 10 novos grupos. A corrente predominante é a do comunismo-anarquismo.

Em abril de 1887 constitui-se o Grupo Comunista-Anarquista de Lisboa, cuja Declaração de Princípios tinha já um conteúdo programático muito maduro e claro. Pouco depois constituiu-se no Porto um grupo análogo, e em setembro saiu o primeiro número do jornal Revolução Social. Os elementos de relevo maior que atuaram no Norte foram Hermenegildo António Martins e J. M. Gonçalves Viana; e no sul João António Cardoso, Tiago Ferreira e José Bacelar.

Naquela altura o mundo ocidental não estava socialmente muito tranquilo, desenvolvendo Estados e capitalistas uma repressão selvagem contra o movimento operário. A Comuna de Paris, e o suplício dos anarquistas em Chicago são os acontecimentos mais conhecidos duma difusa situação de guerra social, dum clima que na França conduziu muitos anarquistas à escolha da ação direta ilegal, ou seja, atentados à maneira de Ravachol e Emile Henri.

Nesta situação, Portugal não ficou isento e no meio operário geraram-se episódios de "propaganda ilegal pelos fatos": por exemplo, o escritor e parlamentar Pinheiro Chagas foi espancado por causa dos insultos que ele tinha dirigido contra Louise Michel, a notável heroína da Comuna; em 1889 foi morto o industrial Cipriano de Oliveira e Silva; em 1890 uma bomba rebentou na sede do Consulado de Espanha, e outra bomba na casa do Conde de Folgosa em 1892; o Rei foi alvo de dois atentados respectivamente em 1893 e 1896; não falando das ações armadas do grupo clandestino chamado Carbonária Portuguesa, no qual estavam presentes muitos anarquistas.

No final da monarquia, de 1908 a 1910 os republicanos aliaram-se aos anarquistas para implantarem a 1ª República, em 5 de outubro de 1910. Foram principalmente operários que lutaram e morreram nas revoltas, enquanto os dirigentes republicanos se protegiam nos seus palacetes, esperando o resultado do golpe, para depois aparecerem como heróis da luta contra a monarquia.

Mas, logo em 1911 e 1912, o governo republicano reprime o movimento operário, e muitos operários que apoiavam a república aderiram ao anarquismo. O ritmo de constituição de grupos anarquistas acelera-se, passando de 11 em 1910, são criados mais 61 em 1911, 50 em 1912, 44 em 1913, 57 em 1914, 35 em 1915. Uns trinta novos periódicos vêm tornar mais considerável a imprensa especificamente anarquista entre 1911 e 1916. O fato mais significativo, todavia, reside talvez na criação, pelos militantes, duma Federação Anarquista do Sul (1911), duma outra no Norte (1912) e duma União Anarquista do Algarve (1912), motivados pela preocupação e eficácia. A ascensão espetacular do socialismo libertário parece tanto mais irresistível na medida em que os seus partidários tomam conta do movimento sindical no Congresso de Tomar, em 1914.

Em 1923 é criada a União Anarquista Portuguesa (UAP).

Os anos 20 foram anos de grandes movimentos sociais em que os anarquistas tiveram um papel importante.

Em 1926, realizou-se em Marselha, o Congresso da Federação de Grupos Anarquistas de Língua espanhola em França, de 13 a 16 de maio. Este congresso havia acordado constituir a Federação Anarquista Ibérica (FAI) bem como a sede desse organismo, dadas as condições anormais da Espanha, fosse fixada em Lisboa, incumbindo a UAP desse trabalho, a qual oportunamente promoveria "um Congresso Ibérico para dar carácter definitivo à dita Federação".

O congresso da UAP, a tal respeito deliberou: "Que seja incumbido o Comité Nacional da UAP de promover uma reunião de delegados do Comité de Relações da UA Espanhola, onde sejam tratados os principais assuntos do movimento internacional e em especial a constituição da FAI".

Entretanto, a União Anarquista Espanhola promove a Conferência Anarquista de Valência, em junho de 1927, na qual a UAP se fez representar por um delegado direto. Esta conferência mantém a decisão de Marselha quanto ao Comitê da FAI, cuja sede deveria fixar-se em Lisboa, visto as condições anormais continuarem na Espanha.

A questão é que essa anormalidade na Espanha reproduziu-se em Portugal, com continuadas repressões, vários elementos ativos foram deportados para África, ficando os restantes sob uma perseguição feroz e o Comitê de Relações nunca pôde ser organizado em Lisboa, criando-se mais tarde em Sevilha.

Poucos dias depois do Congresso de Marselha, dá-se o Golpe Militar de 28 de maio de 1926, que esteve na origem de uma ditadura militar (1926-1933) e alguns anos mais tarde, em 1933, instaurou-se o Estado Novo, ou ditadura de Salazar, que durou até 25 de abril de 1974.

Em 1936, a CGT ainda se faz representar no congresso da CNT, em Saragoça. Em 1938, o movimento anarquista é já precário. Um grupo de militantes, entre os quais Emídio Santana, fez um atentado falhado contra Salazar.

A partir dessa altura, deixa praticamente de existir um

No dia 4 de julho de 1937, Salazar foi alvo de um atentado. Quando saía do seu carro para assistir a uma missa, rebentou perto uma potente bomba.
O anarcossindicalista Emídio Santana foi acusado e preso durante 16 anos. Sobreviveu a Salazar, tendo morrido em 1988 com 82 anos.

verdadeiro movimento, devido à repressão e ao desmantelamento das organizações.

Amílcar da Silva Ramada Curto

Amílcar da Silva Ramada Curto nasceu em Lisboa em 1886 e faleceu em 1961. Escritor e dramaturgo, licenciou-se em Direito pela Universidade de Coimbra. Ainda estudante se salienta na propaganda republicana. Muito cedo dedica-se ao jornalismo; deputado às Constituintes, mantém assento em diversas legislaturas, e por duas vezes ocupa cargos no Governo. Em sua intensa atividade forense, foi buscar muita da riqueza psicológica das personagens que criou. Acima de tudo dramaturgo, com mais de 30 peças, com destaque para "Recompensa", manteve-se quase sempre fiel a um realismo naturalista, por vezes extremo. Há em Ramada Curto certa preocupação de fundo moralizante e de crítica social e de costumes, ainda hoje com momentos de interesse estético e ideológico. Publicou também diversos estudos jurídicos. Licenciado em Direito pela Universidade de Coimbra, interveio nalguns dos processos de crime mais célebres do seu tempo. Ingressando na política ativa, participou na preparação do movimento revolucionário que antecedeu a República e colaborou em diversos jornais, tais como *O Diário de Lisboa* e o *Jornal de Notícias*. Além de se ter distinguido na política e na advocacia, deixou uma abundante obra dramática em que retomou o Realismo-Naturalismo de finais do século XIX, aplicando-o a uma crítica de costumes bastante mordaz, mas ligeira e circunstancial. A parte mais interessante da sua obra afigura-se-nos ser, contudo, o conjunto das crônicas assinadas com o pseudônimo de José Maria, saídas nas páginas do *Diário de Lisboa* e posteriormente reunidas em volume (1941).

RAMADA CURTO E A MAÇONARIA

Antigo carbonário, foi deputado e ministro durante a I República. Iniciado em 1903 na Loja Elias Garcia, de Lisboa, com o nome simbólico de "Elisée Reclus", foi Presidente do Conselho da Ordem do Grande Oriente Lusitano Unido e pertenceu ao Supremo Conselho do 33º Grau do R.·. E.·. A.·. A.·..

A ESCOLA OFICINA N.º 1 DE LISBOA, ANARQUISTA E MAÇÔNICA

Fonte: http://www.gremiolusitano.eu/?page_id=117

A Escola Oficina N.º 1 de Lisboa foi fundada, em 1905, pela Sociedade Promotora de Escolas – instituição declaradamente republicana e pertencente à Maçonaria portuguesa. Inicialmente voltada para a formação profissional dos trabalhadores urbanos portugueses, a Escola Oficina passou a promover uma verdadeira revolução silenciosa no campo da educação, após a contratação, em 1907, de professores anarquistas (BARREIRA, 2010).

Emílio Martins Costa, Maçom e Anarquista

Emílio Martins Costa nasceu em 21 de fevereiro de 1877, na cidade de Portalegre, e faleceu em 17 de fevereiro de 1952, em Lisboa. Teve uma rápida passagem pela Escola Oficina Nº 1, de Lisboa, e publicou um único artigo na revista *Educação Social*, intitulado "Escola do Trabalho". Entretanto, dada a sua trajetória política e profissional, é figura-chave para a compreensão das questões aqui apresentadas. Emílio Costa nasceu no seio de uma família burguesa liberal de Portalegre. Após sua formação inicial, entrou para o Liceu Mouzinho da Silveira em 1887, concluindo o ciclo secundário em 1894. Dois anos depois, instalou-se em Lisboa para frequentar o Instituto Industrial. Em 1899, também se matriculou no Curso Superior de Letras, mas não concluiu nenhum desses cursos. Em 1903, decidiu-se por um "período de divagação e estudo pela Europa", percorrendo a França, a Bélgica e a Suíça. Assim que chegou a Lisboa, em 1896, envolveu-se na vida acadêmica, que era fortemente politizada e dominada pelo republicanismo. Em 1897, subscreveu o Manifesto Acadêmico Republicano, esteve na fundação do Centro Acadêmico Republicano.

O MAÇOM EMÍLIO MARTINS COSTA

Entrou para a Maçonaria Acadêmica e para a Carbonária Portuguesa. Suas ligações com a Maçonaria se solidificaram, pois pertenceu à Loja Montanha, chegando ao Grau de Mestre.

Nessa altura, fundou ainda o jornal *O Amigo do Povo* (1901-1903), onde defendeu, sob o pseudônimo de Demétrio, as suas ideias anarquistas e libertárias. Não concluindo nenhum dos cursos, decidiu viajar pela Europa (França, Bélgica e Suíça), entre 1903 e 1909. Durante a sua estadia na França, foi secretário pessoal de Francisco Ferrer, participou na criação da Liga Internacional para a Educação Racional da Infância, abrindo posteriormente uma seção em Portugal, e colaborou com os jornais *Les Temps Nouveaux* e *La Révolution*. De regresso a Portugal, integrou o grupo de propaganda anarco-sindicalista *Germinal* e iniciou a sua carreira docente, ao lecionar no Liceu Mouzinho da Silveira, em Portalegre, entre 1911 e 1913. Seguiu-se o Liceu Passos Manuel, em Lisboa (1915-1919), o Colégio Estoril (1919-1921), a Escola Comercial Ferreira Borges, durante alguns anos, e ainda a Escola-Oficina nº 1 e a Escola Acadêmica. Escreveu sobre assuntos educativos em várias publicações, como *O Primeiro de Janeiro*, *A Pátria*, *A Voz do Operário*, *A Manhã*, *Seara Nova*, *República*, *Educação Social*, entre outras. Proferiu conferências sobre questões ligadas à política de ensino, aos programas e às metodologias. Publicou ainda algumas obras, tais como *Sindicalismo Independente* (1931), *Aspectos Sociais da Orientação Profissional* (1942) e *Filosofia Caseira – Pedagogias, Educações, Políticas e outras Curiosidades* (1947). As suas obras, que permitem conhecer melhor aquele tempo de viragem na História de Portugal, analisam o trabalho da Monarquia, as perspectivas do Partido Republicano e fazem um balanço dos primeiros.

Adelino de Figueiredo Lima

Adelino de Figueiredo Lima, velho e brilhante jornalista e um dos últimos românticos, que, em Portugal, nas catacumbas da Carbonária e da Maçonaria, que foi um dos mais ativos organizadores que ajudaram a derrubar a velha e rançosa monarquia bragantina. Secretário, por muitos anos, de seu tio, o velho revolucionário Sebastião de Magalhães Lima (por espaço de trinta anos, grão-mestre da Maçonaria em Portugal, amigo de Mazzini, de Luíza Michel, de Zola e Anatole France e um dos mais prestigiosos vultos mundiais do livre-pensamento), e redator, ele próprio, de "O Mundo", o órgão de republicanos, carbonários e Maçons que mais contribuiu, com suas vigorosas campanhas, para a derrubada do trono dos Braganças, Adelino de Figueiredo Lima, por tudo isto e ainda pela ininterrupta atividade que desenvolveu, nos últimos trinta anos, no seio das lojas maçônicas nas colônias da África portuguesa e no Brasil, nos cargos da maior responsabilidade, e como diretor da excelente revista "Atualidades Maçônicas", é hoje com justa razão considerado o mais autorizado e erudito cronista das sociedades secretas (incluindo nestas a Maçonaria) no Brasil e um dos mais autorizados e eruditos do mundo na matéria.

Sebastião de Magalhães Lima

Sebastião de Magalhães Lima, apesar de nascido no Brasil, teve grande parte de sua vida Maçônica e Política desenvolvida em Portugal.

A sua inclusão entre os anarquistas Maçons portugueses deveu-se a ter seu nome citado em uma carta escrita por Antero Quental, notório anarquista português:

"Assim, pois, na comunhão da grande escola proudhoniana, saúdo-o, meu caro Magalhães Lima, e digo-lhe avante! Como a um irmão nas crenças. (carta de Antero de Quental de 1873 a Sebastião de Magalhães Lima)" (Trindade, 2010).

Nasceu no Rio de Janeiro, Brasil, a 30 de maio de 1850, filho de emigrantes portugueses, Sebastião de Carvalho Lima e Leocádia Rodrigues Pinto de Magalhães.

O MAÇOM SEBASTIÃO DE MAGALHÃES LIMA

Iniciado em 1874 na Loja "Perseverança", nº 74, em Coimbra, do Grande Oriente Lusitano Unido, com o nome simbólico de João Huss, passando depois a coberto. Regulariza-se, em 1890, na Loja "Obreiros do Trabalho Nº 160", do Grande Oriente Lusitano Unido, em Lisboa. Em 1892, é um dos fundadores da Loja "Gomes

Fonte: http://www.centenariodarepublica.org/centenario/

Freire Nº 177", em Lisboa, do Grande Oriente Lusitano Unido. Em 1904, filia-se na Loja "Livre Exame Nº 200", em Lisboa, do Grande Oriente Lusitano Unido. Em 1906, é um dos fundadores da Loja "Solidariedade Nº 270", em Lisboa, do Grande Oriente Lusitano Unido. Desempenha funções de Presidente do Conselho da Ordem do Grande Oriente Lusitano Unido de 1906 a 1907. Em 1907, é eleito Grão-Mestre do Grande Oriente Lusitano Unido, sendo depois sucessivamente reeleito, até 1928. Ocupa ainda este cargo à data da sua morte. Como Maçom e como Grão-Mestre participou em numerosos congressos e encontros Maçônicos, nacionais e internacionais.

Acumula o cargo de Grão-Mestre com o de Soberano Grande Comendador do Supremo Conselho do Grau 33 do Rito Escocês Antigo e Aceito, grau que lhe foi expressamente concedido pelo Supremo Conselho da Escócia, em Edimburgo. Em 1921, funda a Liga Portuguesa dos Direitos do Homem. Morre em Lisboa a 7 de dezembro de 1928.

Foi um dos Maçons portugueses mais conhecidos e prestigiados fora de Portugal, e um dos Grão-Mestres com mais longo mandato na história Maçônica portuguesa (1907 a 1928), coincidente com o período de maior apogeu da Maçonaria em Portugal. Na sua última mensagem como Grão-Mestre, em 1928, condenou a opressão que um regime ditatorial impusera ao seu país desde 1926, afirmando que os conceitos de Pátria e de Liberdade eram sinônimos.

Foi fundador do jornal *O Século*. Defensor de republicanismo com pendor a socialismo utópico, fez parte da chamada *Geração de 70*[22] e foi durante largos anos Grão-Mestre da Maçonaria portuguesa, presidindo aos destinos da organização quando do Golpe de 28 de Maio de 1926 e do desencadear das perseguições que levariam à sua posterior ilegalização durante o regime Estado Novo.

A partir de finais da década de 1870 afasta-se progressivamente da advocacia para se dedicar ao jornalismo e à política, escrevendo um conjunto de panfletos que intitulou *O Espectro de Juvenal*, defendendo o regime republicano e atacando duramente as instituições da monarquia constitucional portuguesa.

Quando da assinatura, em maio de 1878, do Tratado de Lourenço Marques, destacou-se pela violência dos seus ataques à pusilanimidade do Governo e às cedências à hegemonia britânica, escrevendo violentos artigos nos jornais e intervindo como principal orador nos comícios oposicionistas que então se realizaram. A campanha foi tão eficaz que o Parlamento rejeitou a ratificação daquele acordo, pondo termo à carreira política de Andrade Corvo.

Em 1879, fundou o periódico *Comércio de Portugal*, jornal que dirigiu e que a partir de 1880 foi adquirido pelo político progressista João Crisóstomo Melício, 1º visconde de Melício. Nesse mesmo ano publicou um opúsculo intitulado *A questão do*

---

[22] A Geração de 70, ou Geração de Coimbra, foi um movimento acadêmico de Coimbra que veio revolucionar várias dimensões da cultura portuguesa, da política à literatura, onde a renovação se manifestou com a introdução do realismo. Num ambiente boêmio, na cidade universitária de Coimbra, Antero de Quental, Eça de Queiroz, Oliveira Martins, entre outros jovens intelectuais, reuniam-se para trocar ideias, livros e formas para renovação da vida política e cultural portuguesa, que estava a viver uma autêntica revolução com os novos meios de transportes ferroviários, que traziam todos os dias novidades do centro da Europa, influenciando esta geração para as novas ideologias. Foi o início da Geração de 70. Em Coimbra, este Grupo gerou uma polêmica em torno do confronto literário com os ultrarromânticos do "Bom senso e do Bom gosto" ou mais conhecido por a Questão Coimbrã. Mais tarde, já em Lisboa, os agora licenciados reuniam-se no Casino Lisbonense, para discutir os temas de cada reunião, que acabara por ser proibida pelo governo. Depois das reuniões, a geração de oiro de Coimbra acabou por não conseguir fazer mais nada, muito menos executar os seus planos que revolucionariam o país, e acabando por considerarem-se "os vencidos da vida", que não conseguiram fazer nada com que se comprometeram.

Banco Nacional Ultramarino, com graves acusações à forma como aquela instituição bancária fora administrada. Já ligado à esquerda republicana, em 1880 fez parte da comissão executiva da imprensa nas grandes comemorações do centenário de Luís de Camões, publicando depois um opúsculo reproduzindo uma conferência que proferiu sobre as comemorações camonianas no estrangeiro. No ano de 1881 fundou em parceria com figuras destacadas do republicanismo o periódico *O Século*, que passou a dirigir. A violência de alguns dos artigos publicados no jornal sob a sua direção levou a que fosse processado e passasse algum tempo preso no Limoeiro de Lisboa e a um duelo ao sabre com Pinheiro Chagas, então diretor do *Diário da Manhã*, do qual resultaram ferimentos ligeiros para este. No início da década de 1890, Magalhães Lima, então já consumado como jornalista enérgico e orador fluente, assumiu-se com um dos principais vultos do Partido Republicano, defendendo um republicanismo com pendor a socialismo utópico, mas pugnando por um entendimento entre a burguesia e o proletariado. Quando da onda de contestação que varreu Portugal na sequência do ultimato britânico de 1890, encabeçou a contestação antibritânica e antimonárquica, dirigindo, nos anos seguintes, o periódico republicano *A Folha do Povo* e depois o jornal *A Vanguarda*. Em 1898, foi membro da comissão que organizou as comemorações do centenário do descobrimento do caminho marítimo para a Índia. A 18 de dezembro de 1904 realizou-se um banquete de homenagem a Magalhães Lima, no salão do Real Coliseu de Lisboa, presidido por Alfredo da Cunha, então diretor do *Diário de Notícias*, que reuniu mais de 300 pessoas de todas as classes sociais. Foi membro do Diretório do Partido Republicano Português e participou na *embaixada* republicana do Verão de 1910 como delegado dos republicanos e socialistas portugueses a várias reuniões internacionais, percorrendo a Espanha, a Itália e a França. Encontrava-se em Paris quando a república foi proclamada em Portugal, sendo, no regresso a Lisboa, recebido com entusiasmo pelos republicanos. Também foi dirigente da Associação dos Jornalistas de Lisboa, instituição que representou nos congressos de jornalismo que se realizaram em Estocolmo, Paris, Lisboa, Roma e Viena. Após a proclamação da República Portuguesa, foi deputado à Assembleia Constituinte de 1911, na qual foi escolhido como relator da Constituição da República Portuguesa de 1911. No Congresso da República candidatou-se às eleições presidenciais de 24 de agosto de 1911, nas quais foi eleito Manuel de Arriaga, obtendo apenas um único voto. Exerceu as funções de Ministro da Instrução Pública de 17 de maio a 19 de junho de 1915, no governo presidido por José Ribeiro de Castro instituído depois da revolução de 14 de maio de 1915 que pôs termo à ditadura do general Joaquim Pimenta de Castro. Em 1921, fundou a Liga Portuguesa dos Direitos do Homem.

Faleceu em Lisboa a 7 de dezembro de 1928, já sob o governo da Ditadura Nacional, mas ainda assim o seu funeral reuniu dezenas de milhares de pessoas.

O Maçom Sebastião de Magalhães Lima

Bernardino Machado

Segundo Alves (2010), Bernardino Machado confessava que *"o anarquismo em toda a sua pureza é um sublime ideal"*.

Apesar de Bernardino Machado ter exercido suas ações principalmente em Portugal, o fato de ter nascido no Brasil e sua simpatia manifestada pelo anarquismo, como atestado por Alves (2010), também o credencia a ser citado entre os anarquistas portugueses.

Bernardino Machado nasceu no *Rio de Janeiro* (*28/03/1851*) e faleceu no *Porto* (*29/04/1944*). Bacharel em Matemática (*15/07/1873*), Licenciado (*14/01/1875*) e Doutor em Filosofia (*02/07/1876*) pela *Universidade de Coimbra*. Deve se a Bernardino Machado a criação e ensino oficial da cadeira de *Antropologia* na Universidade de Coimbra. Foi *Secretário da Faculdade de Filosofia* (*1877-1879*) e *Diretor do Museu de História Natural*, Antropologia (*1885-1907*). Foi, ainda, *Diretor* do Instituto Industrial e Comercial de Lisboa. Deixou publicada uma extensa obra pedagógica, científica e política. Em 1882, ingressa no *Partido Regenerador*. Foi *deputado* entre 1883-1887, *Par* eletivo do reino (1890-95) e *Ministro* das Obras Públicas do gabinete de Hintze Ribeiro-João Franco (*1893*), tendo-se demitido do cargo. Em *1903*, adere ao *Partido Republicano*, tendo sido *Presidente* do seu Diretório (*1906-1909*). *Professor* da Universidade de Coimbra, em *1907*, é *solidário* com a greve acadêmica, tendo sido exonerado (*25/04/1907*). Foi *deputado* eleito às Constituintes de 1911 por Lisboa Oriental. Foi *candidato* ao lugar de Presidente constitucional da República, tendo perdido para Manuel de Arriaga. Foi *senador* (*1911-15; 1919-25*). Em 1912 (*20/01*), é nomeado *Ministro de Portugal no Brasil* e, em 1913 (*1/11*), torna-se *embaixador* nesse país até 1914. Foi *Presidente do Ministério* (*de fevereiro a dezembro de 1914*), dos *Negócios Estrangeiros* (*até março de 1914*), *Ministro do Interior* (*junho a dezembro de 1914; e em 1921*), *Ministro da Justiça* (*interinamente; 1911 e 1914*) e *Ministro da Agricultura* (*1921*). Foi eleito *Presidente da República* em 1915 (*06/08*) e, em 1917, (*08/12*) é "aprisionado e banido" do país, no seguimento da Revolta de 5 de dezembro, chefiada por Sidónio Pais. Em *1919*, regressa do exílio [*esteve exilado duas vezes; 1917-19 e 1927-1940*] e é eleito pelo Congresso Presidente em 1925 (11/12) para "completar o mandato renunciado por Teixeira-Gomes", tendo entregue "os poderes presidenciais a Mendes Cabeçadas" na sequência do Movimento de 28 de maio de 1926, que instalou a Ditadura. *Exilado* (*1927*), fixa residência em França e regressa em 1940, com residência fixa em *Paredes de Coura*.

Bernardino Machado morre a 29 de abril de 1944.

Bernardino Machado foi Iniciado em 1874, na Loja "*Perseverança Nº 74*", de Coimbra [*Loja do RF, Instalado em 1873, Capitular em 1874. Extingue-se em1876*], com o nome simbólico de "Littré". Pertenceu (1892) à Loja "*Razão Triunfante Nº 107*" do RF, Lisboa [*Loja que transitou, mais tarde, para o R∴ E∴ A∴ A∴; esteve fora do GOLU, tendo aderido ao Grande Oriente de Portugal e, mais tarde, cinde novamente da Obediência, seguindo o Supremo Conselho de Grau 33º. Abate Colunas durante a clandestinidade*]. Foi *Presidente do Conselho da Ordem* (*1892-1895*). Atingiu em 1895 o *Grau 7º do RF* e o *Grau 33.º do R∴ E∴ A∴ A∴* (*de cujo conselho fez parte*). Entre 1895-1899 foi *Grão-Mestre* do GOLU e *Soberano Comendador do Supremo Conselho de Grau 33º* [*1895-1899; 1929-1944*]. Foi-lhe concedido (*1902*) o Cargo de

Venerável honorário da Loja "*Pátria Nº 222*", do RF, de Coimbra [*Abate Colunas em 1909*]. É Diretor do *Asilo Maçônico de S. João*, Lisboa, entre 1902-1904. Integra em 1903 (30/05) a Loja "*Fernandes Tomás Nº 212*", do RF, da Figueira da Foz [*Loja fundada por decreto Maçônico nº 16, de 10 de junho de 1910 e Instalada a 22 de setembro, desse ano. Esteve particularmente ativa entre 1900-1935*]. Foi-lhe concebido o Cargo de Venerável honorário da Loja "*Fernandes Tomás*" (*24/08/1904*). É membro honorário do *Supremo Conselho dos Soberanos Grandes Inspetores Gerais do Grau 33*, de *Espanha*, desde 1904. Em 1910, pertence à Loja "*Elias Garcia Nº 184*", do RF, de Lisboa [*Instalada em 1893, passa a Capitular em 1898, tendo transitado para o R.·. E.·. A.·. A.·. em 1912. Abate Colunas em 1928*]. Em 1914, acompanha a cisão da maioria do Supremo Conselho, tendo reentrado na Obediência anos depois. Integrou desde 1929 a Loja "*Fraternidade Colonial Nº 406*", do R.·. E.·. A.·. A.·., de Lisboa [*fundada em 1921, Capitular nesse ano, Areopagita em 1923 e Consistorial em 1925. Em 1952, mantinha-se em atividade*].

BIBLIOGRAFIA CONSULTADA

BARREIRA, L. C. Imprensa de educação e ensino: fonte privilegiada para uma história da educação do trabalhador urbano em Portugal nas primeiras décadas do século XX. Disponível em: <http://www.faced.ufu.br/colubhe06/anais/arquivos/24LuizCarlosBarreira.pdf> Acesso em: 3 jun. 2010.

GRANDE ORIENTE LUSITANO. Sebastião de Magalhães Lima. Disponível em: <http://www.gremiolusitano.eu/?page_id=61> Acesso em: 3 jun. 2010.

EMÍLIO COSTA. In Infopédia [Em linha]. Porto: Porto Editora, 2003-2010. [Consult. 2010-06-04]. Disponível em: www: <URL: http://www.infopedia.pt/$emilio-costa>.

O LIBERTÁRIO. A história do movimento libertário em PortugaL (Parte I). Disponível em: <http://libertario08.wordpress.com/2009/11/16/a-historia-do-movimento-libertarioem-portugal-parte-i/> Acesso em 3 jun. 2010.

OS_HOJE_DE_ANTIGAMENTE. Amílcar da Silva Ramada Curto. Disponível em: <http://os_hoje_de_antigamente.blogs.sapo.pt/1808.html> Acesso em 3 jun. 2010.

RAMADA CURTO. In Infopédia [Em linha]. Porto: Porto Editora, 2003-2010. [Consult. 2010-06-03]. Disponível em: <URL: http://www.infopedia.pt/$ramada-curto>.

TRINDADE, F. O Socialismo Proudhoniano de Antero de Quental. Disponível em: < http://proudhoniana.blogspot.com/2006/12/o-socialismo-proudhoniano-de-anterode.html> Acesso em: 3 jun. 2010.

WIKIPÉDIA. Sebastião de Magalhães Lima. < http://pt.wikipedia.org/wiki/Sebastião_de_Magalhães_Lima> Acesso em: 3 jun. 2010.

Maçons Anarquistas Espanhóis

O anarquismo (enquanto filosofia política que propõe uma sociedade de liberdades individuais, sem autoridade ou poder estatal, baseada na ajuda mútua e cooperação voluntária), historicamente encontrou grande respaldo e influência no território espanhol, especialmente antes da vitória do general Francisco Franco na Guerra Civil Espanhola, e durante esta (entre 1936 e 1939), ao se iniciar a chamada Revolução Espanhola como resposta à intenção de golpe de estado. Existiram inúmeras variáveis do anarquismo na Espanha: o anarquismo camponês na zona rural de Andaluzia; o anarcossindicalismo urbano na Catalunha, particularmente em sua capital Barcelona, e o que às vezes é chamado anarquismo "puro" em outras cidades como Zaragoza. Além disso, estes movimentos tinham e compartilhavam várias semelhanças ideológicas.

Havia muitas variantes do anarquismo na Espanha: o anarquismo do campesinato na área rural da Espanha, o anarcossindicalismo[23] urbano na Catalunha, especialmente em sua capital Barcelona, e tal qual o Anarquismo é às vezes chamado de "puro" em outras cidades, como Zaragoza. No entanto, esses movimentos eram bastante semelhantes e compartilhavam uma ideologia comum. A princípio, os êxitos do movimento anarquista foram esporádicos. Porém, com o tempo, os anarquistas começaram a organizar greves que acabaram se disseminando por todo o país. Normalmente, a repressão da polícia reduziu o número de manifestantes, mas, ao mesmo tempo, causou maior revolta da população. Este ciclo ajudou a liderar uma era de violência mútua, no início do século XX, em que anarquistas e pistoleiros armados, mercenários pagos por donos de empresas, cometeram vários assassinatos políticos. Posteriormente, no século XX, a violência começou a diminuir, e o movimento ganhou velocidade com a revolta do anarcossindicalismo e da criação do grande sindicato libertário, a CNT[24]. As greves gerais passaram a ser comuns, e uma grande parte do movimento operário espanhol adotou o ideal anarquista. A FAI desde a sua criação foi uma associação essencialmente libertária, cuja intenção era garantir que a CNT permanecesse fiel aos princípios do anarquismo.

Os anarquistas desempenharam um papel de destaque na luta armada contra a ditadura de Franco durante a Guerra Civil

---

[23] Anarco-sindicalismo, ou anarcossindicalismo, é uma vertente anarquista que tem como forma de organização transformacional principal o sindicalismo enquanto modo de organização. Os anarco-sindicalistas, ou anarcossindicalistas, acreditam que os sindicatos podem ser utilizados como instrumentos para mudar a sociedade, substituindo o capitalismo e o Estado por uma nova sociedade democraticamente autogerida pelos trabalhadores.

[24] A Confederação Nacional do Trabalho (CNT) (em espanhol *Confederación Nacional del Trabajo*) é uma união confederal de sindicatos autônomos de ideologia anarcossindicalista da Espanha que está aderida à organização de caráter transnacional Associação Internacional dos Trabalhadores (AIT). Conhece-se por este motivo também com o nome de CNT-AIT. É uma organização que vem desempenhando um papel muito significativo dentro dos movimentos sociais relacionados com o anarquismo.

Espanhola. Ao mesmo tempo, uma revolução social de grande escala se expandiu por todo o território espanhol ao sul, onde todas as terras e fábricas foram coletivizadas e controladas pelos trabalhadores. A revolução começou a decair com o crescimento da filiação e a ascensão ao governo, em meados de 1937, do Partido Comunista da Espanha, cuja política era determinada pelo Ministério do Exterior da União Soviética stalinista. Este partido iniciou uma política de militarização progressiva e assimilação das milícias populares, hierarquizando e diminuindo a influência destas na administração estatal, assim como fortalecendo e recuperando o controle institucional do Estado. Assim, incrementando seu caráter repressivo, reduzindo a influência dos principais grupos revolucionários e milicianos, e restringindo sua liberdade de ação, tal como a proibição do jornal da FAI e a censura de outros meios. A isto se adicionava a grande duração da guerra, o que fazia aumentar os ânimos da população e a força revolucionária do processo. Porém, o fim verdadeiro só ocorreria com o fim da guerra em 1939, com a vitória do exército comandado por Franco, o qual executaria milhares de anarquistas e encarceraria um grande número de dissidentes, como presos políticos, a maioria esquerdista, republicanos e críticos do novo regime. Porém, a resistência a sua ditadura nunca cessou completamente, ainda havia simpatizantes participando em atos de sabotagem e outros modos de ação direta, e, em alguns casos, atentados contra a vida do próprio governante. O legado deles continua sendo importante até hoje, particularmente para os anarquistas, anarcossindicalistas e todos aqueles que veem seus atos como um precedente histórico de confirmação para um possível processo de mudança social revolucionária, com a instauração de uma estrutura social sem governo, organizada através da participação direta do povo e direção coletiva e democrática dos meios de produção.

Maçons Anarquistas Espanhóis

Segundo Guerra (2010), a atração entre movimentos que poderíamos considerar, ou que se consideram, "heterodoxos" é mais intensa quando carecem de um corpo doutrinário único ou fechado e daí arrancaria a vinculação tão intensa que houve entre a Maçonaria e o livre pensamento ou o movimento libertário e a Maçonaria, que começou no século XIX e culminou com a queda do regime republicano e a repressão que promoveu a ambos o ditador Francisco Franco.

Alguns dos mais importantes Maçons Anarquistas da Espanha são citados abaixo:

ANSELMO LORENZO

Na Catalunha, Anselmo Lorenzo e Farga Pellicer Iniciaram na Loja "Hijos del Trabajo". Anselmo Lorenzo nasceu em Toledo no ano de 1841 e faleceu em Barcelona em 1914, é também chamado "o avô do anarquismo espanhol" e foi um dos primeiros anarquistas espanhóis. Foi muito ativo no movimento desde a sua reunião com Giuseppe Fanelli[25] em Madrid, em 1868, até a sua morte em 1914.

[25] Giuseppe Fanelli, nascido em Nápoles em 1826 e falecido em 1877, foi um anarquista italiano. Veio à Espanha em 1868, enviado por Mikhail Bakunin, para difundir as ideias da Associação Internacional dos Trabalhadores (AIT) e da Aliança da Democracia Socialista, com intuito de recrutar membros para a Primeira Internacional.

FARGA PELLICER

Rafael Farga Pellicer (Barcelona, 1844 - 1890), também conhecido pelo pseudônimo de Justo Pastor de Pellico, foi um importante sindicalista da Catalunha na segunda metade do século XIX e tipógrafo diretor da tipografia La Academia.

FRANCISCO FERRER Y GUARDIA

Foi Iniciado em 1883 na Loja Verdad de Barcelona e recebeu o nome simbólicode Zero. Fundador da Escola Moderna.

Francisco Ferrer y Guardia

Francisco Ferrer y Guardia (10 de janeiro de 1849 – 13 de outubro de 1909) foi um pensador anarquista catalão, criador da Escola Moderna (1901), um projeto prático de pedagogia libertária. Ele nasceu em Allela em 14 de janeiro de 1849 (uma pequena cidade perto de Barcelona), filho de pais católicos, cedo se tornou anticlerical e juntou-se à Loja Maçônica *Verdad*, de Barcelona.

Apoiou o pronunciamento militar de 1886, que pretendia proclamar a

República, mas, diante do fracasso deste, Ferrer teve de exilar-se em Paris. Sobreviveu ensinando espanhol até 1901, e durante esse período criou os conceitos educativos que aplicaria em sua Escola Moderna.

A Escola Moderna transformou-se em um movimento de caráter internacional de apoio dos trabalhadores à educação antiestatal e anticapitalista. Ferrer desenvolveu o método racional, enfatizando as ciências naturais com certa influência positivista, privilegiando a educação integral. Propõe uma metodologia baseada na cooperação e respeito mútuo. Sua escola deveria ser frequentada por crianças de ambos os sexos para desfrutarem de uma relação de igualdade desde cedo. A concepção burguesa de castigos, repressão, submissão e obediência deveria ser substituída pela teoria libertária, de formação do novo homem e da nova mulher. Ferrer considerava que o cientificismo não era um saber neutro. Aqueles que têm o poder se esforçam por legitimá-lo através de teses científicas. Devido à intolerância da Igreja, em 1906, Ferrer foi preso sob suspeita de envolvimento no ataque de Mateo Morral, ex-colaborador de curta passagem, como tradutor e bibliotecário da Escola, que perpetrou um atentado frustrado contra o Rei Alfonso XIII, sendo absolvido um ano depois. Entretanto, durante sua estadia na prisão a Escola Moderna foi fechada. No ano seguinte, viajou pela França e Bélgica; neste último país, fundou a Liga Internacional para a Educação Racional da Infância.

Em 13 de outubro de 1909 foi executado na prisão de Montjuich durante a lei marcial, acusado de ter sido o instigador da revolta conhecida como a Semana Trágica de Barcelona[26], em 1909.

---

[26] Semana Trágica é o nome usado para referenciar os sangrentos acontecimentos desenvolvidos em Barcelona e outras cidades da Catalunha, de 26 de julho a 2 de agosto de1909, com o enfrentamento do exército e a classe operária, apoiada pelos anarquistas, socialistas e republicanos. O desencadeante foi a mobilização das tropas reservistas decretada pelo primeiro ministro Antonio Maura, para reforçar as tropas espanholas em Marrocos.

Execução de Francisco Ferrer y Guardia
na prisão de Montjuich

Trabalhadores em passeata durante a "Semana trágica" em Barcelona

AVELINO GONZÁLEZ

Foi diretor do periódico CNT.

CRISTÓBAL CANO

Mestre laico da Escuela Neutra e membro do grupo específico Solidaridad.

SEGUNDO BLANCO

Chofer do dirigente anarquista e Conselheiro do Conselho Soberano das Astúrias.

JOSÉ CAVEDA OBAYA

Militante libertário em grupos de ação específica da Federação Anarquista Ibérica (FAI).

ELEUTERIO QUINTANILLA

Nascido em Gijón em 1886, adere às fileiras libertárias colaborando com o periódico Solidaridad Obrera em 1909, e um ano mais tarde funda com Ricardo Mella a Acción Libertaria.

Em 1917, é Iniciado como Maçom na Loja "Jovellanos Nº 337", de Gijón, e toma como nome simbólico o de Floreal.

AVELINO GONZÁLEZ MALLADA

Foi Maçom membro da Loja "Jovellanos Nº 337", onde utilizava o nome simbólico de Panurgo, chegando a obter o Grau 4 de Mestre Secreto. Chegou a ser prefeito de Gijón.

AVELINO GONZÁLEZ GARCÍA

Periodista e diretor do periódico CNT, foi Iniciado na Loja "Riego Nº 2", em 21 de março de 1924, chegando ao Grau de Mestre Maçom em outubro de 1927. Nas Astúrias a atração dos anarquistas pela Maçonaria só se registra durante o primeiro terço do século XX. Estes libertários vão a ocupar assento nas Lojas revestindo-se com o Avental Maçônico, sendo que em muitas ocasiões sua transcendência iria muito mais além, prolongando-se ao movimento operário e também ao educativo e social.

Segundo Guerra (2010),

> *a atração dos anarquistas espanhóis pela Maçonaria se deveu principalmente ao caráter anticlerical da Maçonaria, fator que em dado momento tornou-se aglutinante, visto que a hierarquia católica espanhola era muito reacionária e representava a maior opressão e dominação sobre a classe operária.*

REFERÊNCIAS BIBLIOGRÁFICAS

RODRIGUES, E. *Pensadores Anarquistas e Militantes Libertários.* Disponível em: http://www.ebooksbrasil.org/eLibris/pensadoresanarquistas.html Acesso em: 16 maio 2010.

GUERRA, V. *Anarquistas francmasones em Asturias*. Disponível em: http://www.masoneriamadrid.eu/Anarquistas%20francmasones%20en%20Asturias.pdf Acesso em: 16 maio 2010.

WIKIPÉDIA. *Anarquismo*. Disponível em: http://pt.wikipedia.org/wiki/Anarquismo. Acesso em: 16 maio 2010.

Sébastien Faure, Anarquista e Maçom

Sébastien Faure (Saint-Etienne, França, 6 de janeiro de 1858 – Royan, 14 de julho de 1942) é um dos vultos de primeira grandeza da *Maçonaria* e do Anarquismo. Foi notável ativista libertário e anticlericalista francês, pedagogo, jornalista, poeta e compositor durante o período que compreende a segunda metade do século XIX e início do século XX. Sébastien Faure nasceu em Saint-Etienne, na província francesa de Loire no dia 6 de janeiro de 1858. Nascido em uma família burguesa conservadora, seu pai, Auguste Faure, um negociante de seda, católico praticante, burguês empenhado e partidário do império, enviou-o para um colégio jesuíta onde passou a ser educado. Destacando-se por sua inteligência e capacidade de expressão, aos dezessete anos Sébastien foi indicado pela direção do colégio para seguir o "caminho de Deus" entrando, assim, para o seminário na qualidade de noviço.

Por um ano e cinco meses foi um noviço exemplar se aprofundando nos estudos de teologia e agarrando-se à fé cristã de forma cega e rigorosamente. Até que num dia Sébastien recebeu um telegrama dizendo que seu pai estava gravemente doente. Apressou-se para visitá-lo, encontrando-o em seu leito de morte. Auguste disse-lhe que devia deixar a vida religiosa, voltando para sua família que agora precisava dele para auxiliar em seu sustento.

APROXIMAÇÃO DA POLÍTICA

Após a morte de seu pai, Sébastien Faure voltou para a casa de sua família, abandonando a vida religiosa. Em pouco tempo teve contato com os círculos progressistas do movimento Livre Pensar, identificando-se inicialmente com esta filosofia. Mais tarde voltou-se para a política tornando-se membro do partido socialista operário, vindo mesmo a se candidatar para deputado nas eleições de 1885. Finalmente, em 1888, reconhece-se anarquista.

O PROCESSO DOS TRINTA

Em 1894, Faure torna-se tutor de SidonieVaillant, após a execução de seu pai, Auguste Vaillant, pelo atentado a bomba que executara contra a câmara de deputados em 9 de dezembro de 1893. Seis meses depois, Faure acaba sendo julgado junto com muitos outros anarquistas no julgamento que ficou conhecido como "Processo dos Trinta" ("*Procès des trente*"). Com base nas "Leis Vilânicas" ("*lois scélérates*") aprovadas entre 1893 e 1894, em detrimento do movimento anarquista e buscando restringir a liberdade de imprensa e expressão, o Processo dos Trinta levou aos tribunais dezenas de militantes anarquistas – entre eles Charles Chatel, Ivan Aguéli, Félix Fénéon, Jean Grave, Louis Armand Matha, Maximilien Luce, Émile Pouget, Paul Reclus, Alexander Cohen, Constant Martin e Louis Duprat – acusando-os de participação em uma Internacional

Negra, uma organização secreta criminosa de inspiração libertária que supostamente pretendia acabar com os governos e empresários do mundo. Enquanto parte dos acusados preferiu abandonar o país, Faure mais Jean Grave, Charles Chatel, Louis Armand Matha e Félix Fénéon foram aos tribunais responder às acusações as quais lhes eram imputadas. Este seria um julgamento histórico em que o anarquismo, mais do que os réus, foi colocado em uma posição de culpa. A imprensa foi proibida de reproduzir os interrogatórios de Jean Grave e Sébastien Faure, levando Henri Rochefort a escrever no jornal *L'Intransigeant*, que a associação criminosa não se referia aos acusados, mas aos magistrados e ministros que os acusavam. Os acusados presentes provaram facilmente sua inocência frente à acusação de "associação criminosa" já que fazia um bom tempo que o movimento anarquista francês havia rejeitado a ideia solo de associação e ação exclusivamente individual. Apesar disso, o presidente da corte, Dayras, negou todas as objeções da defesa, levando Faure a dizer:

> *"Cada vez que provamos o erro de uma das alegações de vossa parte, declaras isto sem importância. Você talvez possa muito bem somar todos os zeros, mas ainda assim não pode obter uma unidade."*

Ao fim do julgamento, Sébastien Faure e os outros presentes no tribunal foram declarados inocentes das acusações, ainda que através da perseguição gerada pelo processo dos trinta e pelas leis vilânicas, durante algum tempo nenhum periódico libertário ou qualquer outro tipo de propaganda dos ideais anarquistas pôde circular pela França.

REFUNDAÇÃO DO PERIÓDICO LE LIBERTAIRE

Em 16 de novembro de 1895, Sébastien Faure passa a reeditar sozinho o famoso periódico semanário Le Libertaire. Ao contrário do que se afirma, Louise Michel não é cofundadora deste jornal. Em seu trigésimo terceiro número existe uma legenda onde se lê "*Fundado por S. Faure*". O jornal é reeditado de 1895 a 1814, com um intervalo entre fevereiro e dezembro. A partir de agosto de 1899, é lançado um suplemento "ilustrado" nesse mesmo diário. Durante toda sua duração Faure faz questão de lançar o periódico a um preço acessível às classes operárias, nunca ultrapassando o valor de dez centavos. Em agosto de 1914 é lançada a última edição sob a direção de Faure. Inicia-se então a Primeira Guerra Mundial e o governo francês passa a reconhecer uma ameaça para o alistamento no ativismo antimilitarista de Faure através do periódico Le Libertaire. Faure é obrigado a abandonar a publicação após terem sido lançados nada menos que 960 números sob sua direção.

ATIVISMO DREYFUSARD

Frente à injusta condenação por traição do oficial Alfred Dreyfus e ao escândalo político que dividiu a França, Faure passa a combater o antissemitismo e a xenofobia propalados pela imprensa burguesa e oficial.

Afirmando a inocência do oficial de artilharia de origem judaica e denunciando o processo fraudulento conduzido a portas fechadas, Faure denunciou os militares de alta patente pela farsa judicial que perpetravam.

FUNDAÇÃO DA ESCOLA A COLMEIA

Em 1904, Sébastien Faure aproxima-se da proposta de pedagogia libertária, ao criar nas proximidades Rambouillet (Yvelines) uma escola libertária designada "A Colmeia" (*La Ruche*). O objetivo da escola era desenvolver integralmente a capacidade de cada estudante. Através deste princípio, Faure demonstra a influência das ideias de Mikhail Bakunin e Paul Robin, mas também na permanência do mutualismo de Proudhon. O método de ensino que Faure desenvolve em *A Colmeia* se contrapõe à metodologia dedutiva tradicional na qual os conceitos são explicados para os alunos cuja tarefa é apenas assimilar. Sua pedagogia, chamada por ele de indutiva e estimuladora do autodidatismo, abre espaço para que os estudantes possam aprender por contra própria, assumindo um papel ativo na tarefa de aprender. "Quem procura fez o esforço." Além disso, na Colmeia não havia distinção de sexos nas salas de aula onde meninos e meninas estudavam em conjunto, algo inovador para a época.

ANTIMILITARISMO E PERSEGUIÇÃO

Em 1914, com o início da Primeira Guerra Mundial, Faure passa a difundir panfletos pacifistas e antimilitaristas, defendendo o não alistamento e a deserção entre os soldados. Passa a ser duramente perseguido pelo aparato repressor estatal até mesmo sofrendo ameaças a sua família. Em 1916, lança um novo periódico, *O que falta ser dito* (*Ce qu'il faut dire*), denunciando o esforço do estado francês para difundir o nacionalismo a fim de garantir quadros para a guerra. Em 1918, é preso por organizar uma reunião sem o aval das autoridades.

ÚLTIMOS ANOS

Em 1934, colaborou para a publicação da Enciclopédia Anárquica composta por mais de três mil páginas, e coescrita com diversos militantes libertários de sua época. Foram publicados apenas três dos quatro volumes previstos. Em 1936, partiu para a Espanha para se juntar aos republicanos libertários em sua guerra contra o fascismo, tomando parte na coluna Durruti durante a Guerra Civil Espanhola. Reconhecido por sua pedagogia, bem como por sua capacidade de oratória, Faure publicou também diversos livros sobre assuntos variados que incluem pedagogia libertária, antimilitarismo, ateísmo, xenofobia e capitalismo, além de ser um dos proponentes iniciais da Enciclopédia Anárquica de 1932.

Élisée Reclus, Maçom e Anarquista

Jean Jacques Élisée Reclus foi Iniciado na Maçonaria em 1860, juntamente com seu irmão Élie Reclus, na Loja "Les Émules d'Hiram".

> *"Entre nós, revolucionários, um fenômeno análogo deve realizar-se; nós também devemos conseguir compreender com perfeita retidão e sinceridade todas as ideias daqueles que combatemos; devemos fazê-las nossa, mas para dar-lhes seu verdadeiro sentido. Todos os raciocínios de nossos interlocutores, retardados pelas teorias ultrapassadas, classificam-se naturalmente em seu verdadeiro lugar, no passado, não no futuro. Eles pertencem à filosofia da história".*
>
> ***Élisée Reclus***

Eminente geógrafo, intelectual e anarquista francês. Nasceu em 15 de março de 1830. Filho de um pastor protestante, estudou na Universidade em Montauban e Berlim. Em 1864, conheceu M.

A. Bakunin, de quem se tornaria amigo e companheiro até à morte, sendo o orador no seu sepultamento. Sendo já um reconhecido geógrafo, participou ativamente da Comuna de Paris de 1871. Aprisionado, foi condenado a degredo, mas um amplo movimento internacional, reunindo intelectuais de vários países, conseguiu que a pena fosse comutada em expulsão para a Suíça. Viajou por todo o mundo, durante o trabalho de pesquisa que fez para preparar a Nova Geografia Universal, aproveitando esse fato para estabelecer contatos com os núcleos anarquistas dos países por onde passava. Esteve em Portugal nos anos de 1886 e 1887, tendo incentivado os primeiros grupos anarquistas a se organizarem de forma autônoma e, em 1893, esteve no Brasil, Uruguai, Argentina e Chile. No ano seguinte participou da fundação da Universidade Livre de Bruxelas onde seria professor. Tal como seus outros irmãos, em particular o fourierista e libertário Élie Reclus, Élisée foi um dos expoentes intelectuais do anarquismo do século XIX. Suas obras *O Homem e a Terra* e *A Montanha*, tais como muitas de suas reflexões nos seus textos geográficos, que o tornaram um dos fundadores da moderna geografia humana, são exemplos de uma visão precursora da ecologia. De sua autoria foi publicado no Rio de Janeiro, em 1900, Estados Unidos do Brasil, o capítulo da *Nova Geografia Universal* referente ao país. Destaca-se ainda seu livro *Evolução, Revolução e Ideal Anarquista*. Morreu em Bruxelas a 4 de julho de 1905.

Élie Reclus, Maçom e Anarquista

Élie Reclus Iniciou em 1860, juntamente com seu irmão Jean Jacques Élisée Reclus, na Loja "Les Émules d'Hiram.

Élie Reclus, cujo verdadeiro nome era Jean-Pierre Michel Reclus, nasceu em Sainte-Foy-la-Grande (Gironde), em 16 de junho de 1827 e morreu em Bruxelas, em 11 de fevereiro de 1904. Ele era um jornalista, antropólogo e anarquista do século XIX.

Jules Vallès, Maçom e Anarquista

Jules Vallès (10 de junho de 1832 – 14 de fevereiro de 1885) foi um escritor e jornalista francês.

Vallès iniciou na Maçonaria na Loja "La Justice Nº 135" do Grande Oriente da França (GODF).

Vallès nasceu em Le Puy-en-Velay, Haute-Loire. Seu pai era um supervisor de estudos, depois professor, e infiel à mãe de Júlio. Jules era um estudante brilhante. Na Revolução de 1848, na França, participou de protestos em Nantes, onde seu pai tinha sido designado para ensinar. Foi durante este período que ele começou a alinhar-se com o movimento socialista. Vallès foi enviado a Paris para preparar a sua entrada para o Lycée Condorcet (1850), porém negligenciou seus estudos completamente. Ele tomou parte na revolta contra Napoleão III, durante o golpe de Estado francês de 1851, lutando junto com seu amigo Arthur Ranc em uma das barricadas em 2 de dezembro.

Vallès depois fugiu para Nantes, onde seu pai estava em uma instituição para doentes mentais. Graças à ajuda de seu amigo Antoine Arnould, ele conseguiu escapar alguns meses mais tarde. Ele retornou a Paris, onde se juntou à equipe do Le Figaro, e tornou-se um contribuinte regular para os jornais de outros líderes. Em 1853, ele foi preso por conspirar contra Napoleão III, mas foi posteriormente libertado por falta de provas. Ele viveu em pobreza, escrevendo em jornais para comprar o pão. Participou da Comuna de Paris, criando o jornal "Le Cri Du Peuple". Foi perseguido e preso. Conseguiu escapar ao fuzilamento e partiu para o exílio. Em 1872, foi condenado à pena de morte "inabsentia". Escritor talentoso, deixou para trás uma série notável de livros, repletos de amargura e humor cortante. Faleceu em 14 de fevereiro de 1885.

Seu funeral tornou-se uma grande manifestação popular com aproximadamente 60.000 pessoas seguindo em passeata até o cemitério de Père Lachaise, Paris, França.

Caricatura de Jules Vallès

REFERÊNCIAS BIBLIOGRÁFICAS

ANARCHOPEDIA. *Anarchisme et franc-maçonnerie.* Disponível em: <http://fra.anarchopedia.org/Anarchisme_et_franc-maçonnerie>*Acesso em: 29 maio 2010.*

SILVA, C. G. *Élisée Reclus. A evolução, a revolução e o ideal anarquista*. Disponível em: <http://www.faced.ufba.br/rascunho_digital/textos/568.htm>. Acesso em: 29. maio 2010.

WIKIPÉDIA. *Sébastien Faure*. Disponível em: http://pt.wikipedia.org/wiki/Sébastien_Faure. Acesso em: 21 abr. 2010.

Ravachol: Um Anarquista Maçom e Suas Bombas

François Claudius Koënigstein, mais conhecido como Ravachol (Saint-Chamond, 14 de outubro de 1859 – Montbrison, 11 de julho de 1892), foi um dos mais famosos anarquistas ilegalistas[27] franceses, tornando-se a seu tempo o arquétipo do "anarquista lançador de bombas", através de suas ações diretas e violentas contra a Terceira República Francesa. Da perspectiva legalista, Ravachol entrou para história como um dos grandes terroristas do século XIX.

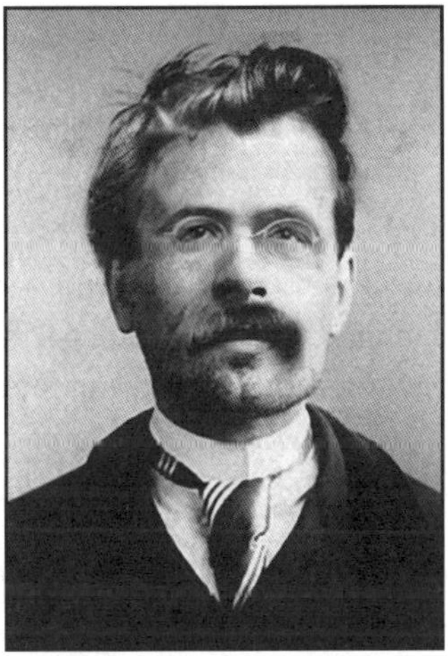

Ravachol

[27] O Ilegalismo, também conhecido como Anarcoilegalismo, é uma filosofia anarquista surgida na França, Itália, Espanha, Bélgica e Suíça durante os primeiros anos da década de 1900 como desenvolvimento do anarquismo individualista e do niilismo. O ilegalismo tomou grande importância para uma geração europeia inspirada pelo descontentamento da década de 1890, durante a qual os anarquistas Ravachol, Émile Henry, Auguste Vaillant e Sante Caserio cometeram crimes memoráveis contra o capital e o estado, de acordo com a chamada "Propaganda pelo Ato". Seus adeptos adotaram abertamente o crime como modo de vida. Em suas reflexões e práticas condenavam a visão legalista enquanto limitadora da ação revolucionária, uma vez que as leis das sociedades burguesas eram vistas por eles como imorais e antiéticas já que compactuavam para a manutenção das injustiças sociais e com a exploração do homem pelo homem. Influenciado pelo individualismo de Max Stirner, o ilegalismo rompeu com anarquistas como Clement Duval e Marius Jacob, que justificavam o roubo com a teoria da *reprise individuelle* . O grupo francês chamado *Bando Bonnot* e o grupo espanhol *Los Solidarios* foram dois dos mais famosos grupos ilegalistas.

PRIMEIROS ANOS

Nascido em uma família pobre, Ravachol trabalhou desde os 8 anos, depois que o pai, Jean-Adam Koënigstein, um marinheiro holandês, abandonou a família, fazendo com que o jovem François Claudius adotasse o nome de solteira de sua mãe, Marie Ravachol, uma humilde costureira desempregada. Desde aquela época Ravachol teve que buscar maneiras para sustentar sua mãe, uma irmã e um irmão mais novos, e posteriormente também um sobrinho.

Para isso vagou pela França atrás de trabalho pelo qual recebia quase nada.

Foi assistente de pintor, trabalhou em uma tinturaria e, como forma de incrementar a renda familiar, chegou a tocar acordeão nos salões sociais aos domingos, em Saint-Étienne. No entanto, nenhuma dessas tarefas durava tempo suficiente ou garantia o mínimo que sua família necessitava para a sobrevivência. Possuindo uma inteligência incomum, não demorou muito para que o jovem Ravachol passasse a relacionar sua miséria pessoal ao sistema capitalista. O escritor Paul Adam[28] diria posteriormente sobre o surgimento de Ravachol:

> *"Neste tempo de cinismo e ironia, um santo nasceu para nós"*.

Mais tarde Ravachol recordaria, em seu julgamento, aqueles

---

[28] Paul Auguste Marie Adam (Paris, 7 de dezembro de 1862 – 2 de janeiro de 1920) foi um escritor e jornalista francês simpatizante do anarquismo. Escreveu, à maneira naturalista, várias obras que se tornaram famosas. Adam escreveu uma série de romances históricos que se passavam no período das Guerras Napoleônicas e seu desfecho; seu primeiro romance da série, *La Force*, foi primeiramente publicado no ano de 1899. Junto com Jean Moréas, ele escreveu *Les Demoiselles Goubert*, uma novela que marcou sua transição entre o Naturalismo e o Simbolismo na literatura francesa. Sua novela *Stephanie*, publicada em 1913, argumentava em favor de casamentos arranjados em oposição àqueles fundamentados em aspirações românticas. Em 1892, um dos artigos de Adam gerou grande polêmica ao afirmar a santidade de François Ravachol, um ativista libertário ilegalista preso e guilhotinado após realizar uma série de atentados a autoridades envolvidas na prisão e execução de anarquistas, na cidade de Paris.

primeiros momentos em sua juventude em que se obrigou a roubar de camponeses pobres para garantir a sobrevivência de sua família.

> *Naquele momento, minha irmã acabava de ter um filho com seu companheiro.*
>
> *Meu irmão e eu estávamos sem trabalho e sem um centavo de reserva. Não teríamos mais que o pão que o padeiro poderia bem nos dar. Ao não encontrar trabalho em nenhuma parte me vi obrigado a sair em busca de alimento. (...)*
>
> *Era-me penoso ir pegar as aves de desgraçados camponeses que quiçá não teriam mais que isso para viver, mas eu não sabia quais eram os ricos e não podia deixar que morrêssemos de fome minha mãe, minha irmã e seu filho, meu irmão e eu.*

CRIMES

Depois de anos de dificuldade em uma época na qual a classe trabalhadora não contava com quaisquer direitos, Ravachol se viu forçado a uma vida de crime como forma de sobrevivência. Poucos revolucionários possuem entre suas ocupações prévias a função de ladrão de túmulos, no entanto Ravachol não era nem um criminoso ordinário nem um anarquista comum. Nessa época já havia trabalhado como falsificador (através dos conhecimentos em química que obtivera trabalhando como diarista em uma tinturaria) e contrabandista.

Chamado no meio anarquista de "*voz da dinamite*", Ravachol se contrapunha à moralidade burguesa, tida por ele como uma forma de preconceito sempre em desfavor aos pobres. Nesse sentido, não admitia limites para a ação revolucionária, considerando a propriedade e o Estado, eles, sim, imorais e criminosos. Daí justificava os atos aos quais recorrera, considerados repreensíveis por muitos, como forma de sobrevivência e apoio à causa anarquista.

LATROCÍNIO A RIVOLLIER

Na noite de 29 de março de 1886, Ravachol teria supostamente cometido os primeiros assassinatos, em um assalto nos arredores da vila de La Varizelle, próximo a St. Chamond, na casa de um ancião, chamado Rivollier, que, como alardeavam os boatos, possuía guardada em sua casa uma quantia considerável acumulada.

Em La Varizelle, Ravachol, armado com uma machadinha, teria arrombado a casa, surpreendendo Rivollier em sua cama. Com um só golpe na cabeça, o ilegalista teria ferido mortalmente o senhor Rivollier sem que esse sequer levantasse de sua cama. Uma serviçal que estava na casa fugira em desespero pela estrada, sendo supostamente perseguida e também morta por ele. Em seguida, Ravachol teria voltado para dentro da casa e procurado, desesperadamente, por dinheiro, arrombando armários e gavetas, encontrando poucas coisas de valor. Ao contrário de outros crimes e mesmo assassinatos, este nunca fora assumido por Ravachol, historiadores atuais consideram ser grande a possibilidade de que a autoria deste duplo assassinato tenha sido forjada e induzida pela polícia, que precisava dar conta de um caso há anos sem resolução, nem suspeitos reais. Em grande medida, o testemunho da companheira de Ravachol, Rulhière, seria posteriormente utilizado como evidência por ocasião do julgamento na Cour d'assises (= tribunal para processos penais). Visivelmente transtornada durante as sessões, Rulhière testemunhou provavelmente sob a ameaça de mais torturas.

VIOLAÇÃO DO TÚMULO DA BARONESA DE ROCHETAILLÉ

Cinco anos depois, na noite de 14 de maio de 1891, Ravachol

violaria o túmulo da Baronesa de Rochetaillé no Cemitério de Saint Jean de Bonnefond, depois de dar ouvidos ao rumor que afirmava que a nobre teria sido enterrada com suas joias. Após escalar o muro do cemitério, ergueu a pedra da tumba pesando 120 quilos e retirou um caixão de carvalho colocado no lugar por três cabos de ferro. Quebrando os selos, Ravachol encontrou apenas uma cruz de madeira e sacos de serragem junto ao corpo putrefato. Em um trecho do relato escrito de próprio punho:

> *...sem emprego, fiz para mim mesmo dinheiro falso, um meio não muito lucrativo mas perigoso, logo eu o abandonei. Ouvi dizer que uma baronesa chamada de Rochetaillé tinha sido enterrada havia pouco tempo. Pensei que ela deveria ter algumas joias consigo, então eu resolvi violar a tumba. Um dia consegui para mim uma lanterna de gancho e um pé-de-cabra. (...) Cheguei ao cemitério às 11h. Antes de entrar, comi meu pão e bebi um pouco de vinho, escalei a parede e me dirigi ao túmulo que inspecionei com atenção. Então usei meu pé-de-cabra para empurrar a pedra do mausoléu e entrei nele; vendo o nome, fui buscando na pedra de mármore. Eu mesmo abri a gaveta com o pé-de-cabra. Então, como a pedra não podia cair sobre mim, fui para um compartimento vazio ao lado dela. Na queda a pedra fez um barulho muito alto e se quebrou em muitos pedaços. (...) Depois tentei encaixar meu pé-de-cabra na fenda do caixão e consegui fazê-lo. Forcei para abrir as tábuas pressionando sobre elas, mas tinha uma camada de tecido enrolada em torno do corpo. Eu rasguei-a com a ponta do pé-de-cabra e fiz uma abertura grande o suficiente para tirar para fora o braço para ver a mão direita dela. Tive que tirar vários pacotes pequenos que eu não sabia o que continham. Uma vez que o braço dela estava para fora, eu o puxei para perto e olhei atentamente para os dedos que estavam cobertos de bolor. Não consegui encontrar o que eu estava*

procurando. Olhei na garganta e não encontrei nada lá também, e desde que minha lanterna se apagou por falta de óleo, para terminar minha operação coloquei fogo num ramo de flores que encontrei na capela sobre os túmulos. Ele espalhou uma fumaça grossa enquanto queimava, o que me fez subir rapidamente se eu não quisesse morrer asfixiado. Quando abri o caixão, tive medo apenas de que o gás asfixiante pudesse tomar conta do lugar, mas, por eu estar com pressa de fazer o que era necessário, não hesitei, porque era preferível morrer arriscando a própria vida do que sucumbir de fome. Uma vez do lado de fora, coloquei a pedra de volta no lugar e comecei a voltar para casa, mas, quando estava saindo, vi a 100 metros de distância dois homens vindo através dos campos que pareciam ter me visto e agora vinham para me parar. Coloquei minha mão em meu revólver e me abaixei um pouco. Eles passaram na minha frente sem dizer uma palavra. Mais tarde, na Rua De La Monta, encontrei com um homem que de uns 100 metros me perguntou o caminho para o Châteaucreux. Eu não o entendi muito bem e ele se aproximou repetindo a questão. Disse a ele para me seguir, que eu ia para aquele lado. Ele disse para mim que eu estava usando uma barba falsa no rosto, o que me fez sorrir, já que eu pensei que não tinha nada a temer desse homem que estava completamente sozinho. Isso aconteceu na Rua De La Monta. Subindo a estação, eu mostrei a ele o caminho e continuei no meu. Voltei para casa.

Refletindo sobre este ato posteriormente Paul Adam escreveria:

De todos os atos de Ravachol, um deles talvez simbolize melhor tanto ele quanto seu contexto. Ao abrir a sepultura desta velha e, tateando sobre aquelas mãos apodrecidas, buscar a joia capaz de aliviar a fome de uma família de miseráveis por meses, ele demonstrou o quão vergonhosa é uma sociedade que enterra carcaças

enfeitadas com luxo ao mesmo tempo em que, em um único ano, 91.000 indivíduos morrem de inanição entre as fronteiras do rico país de França, sem que ninguém pense nisso, a não ser ele e nós.

ASSASSINATO DE JACQUES BRUNEL

Huit pages : CINQ centimes

LE PROGRÈS ILLUSTRÉ

Supplément littéraire du « PROGRÈS DE LYON »

Le Crime de Chambles : ASSASSINAT D'UN ERMITE

Capa do jornal Le Progrès Illustré sobre o assassinato de Jacques Brunel, ao lado.

Buscando se afastar de Saint Chamond, outro dos famosos crimes de Ravachol aconteceria nas proximidades de uma vila chamada Chambles, onde morava um ancião chamado Jacques Brunel, conhecido localmente como "O Ermitão". Talvez motivado por votos religiosos, Brunel, por mais de meio século, habitara solitariamente uma cabana localizada num morro nas proximidades de Chambles, como os eremitas na Idade Média. Vivendo às custas da caridade, Brunel recebia sempre alimentos, roupas e dinheiro que lhe davam os habitantes da região, em troca afirmava que se lembraria deles no momento das suas orações. Gastando quase nada ou muito pouco em comida e abrigo, Ravachol considerou a possibilidade do velho talvez possuir muito dinheiro guardado.

Assim que chegou a Chambles, em 19 de junho de 1891, Ravachol foi ao encontro de Brunel em sua cabana, encontrando o velho (de oitenta, ou noventa e dois anos de idade) deitado sobre uma cama miserável no canto da cabana. Segundo seu próprio depoimento, Ravachol chegou e disse-lhe que lhe daria vinte francos para que rezasse por ele, se ele lhe desse em troca uma nota de cinquenta francos. Brunel respondeu que não possuía nada para dar em troca, e que estava prestes a se levantar, talvez por desconfiar de seu visitante. Ao se levantar, o velho foi agarrado. Ravachol rapidamente colocou um lenço em sua boca e depois em seu pescoço, finalmente o estrangulando. Após uma busca rápida pela cabana, Ravachol encontrou moedas e notas por todos os lados, em panelas e copos, sob a cama, nos armários e atrás deles. De acordo com o próprio Ravachol, o valor total encontrado na cabana do Ermitão ultrapassava os quinze mil francos (mil e seiscentas libras esterlinas) entre moedas de cobre, prata e ouro. Ravachol conseguira mais ouro e prata do que ele poderia carregar. Trancando a cabine, saiu para almoçar em um café próximo à estação ferroviária. O atendente do estabelecimento diria depois em testemunho que Ravachol, faminto, comera uma omelete de seis ovos, peixes assados, um bife, bebendo muito vinho. Estando seu trabalho sem conclusão, voltou à cabana do eremita e se fechou dentro dela, empilhando o dinheiro que encontrara. Existia mais do que ele poderia convenientemente levar embora, então ele foi para casa em Saint Etienne e contou para sua companheira sobre seus feitos, e, na manhã seguinte, tomando uma condução, ambos foram para Chambles. Voltando à cabana, levaram consigo uma mala, onde empilharam todo o ouro e prata e diversos outros bens de valor que encontraram no lugar. Junto com Rulhière, ele partira, não para sua casa em Saint Chamond, mas para Saint Etienne ao encontro de amigos. No dia seguinte dividiram parte da quantia entre as famílias de trabalhadores e anarquistas presos ou executados. Poucas horas depois de Ravachol e Rulhière terem deixado Chambles, uma pessoa da localidade encontraria o eremita morto em sua cama, com cinquenta francos em moedas de bronze, jogados sobre o chão da cabana.

PRIMEIRA PRISÃO E FUGA

No entanto, sem perceber, Ravachol havia sido visto em suas idas e vindas a Chambles, sendo procurado e detido por policiais, junto com sua companheira e dois outros homens – Pierre Crozet e Claude Fachard – com os quais havia deixado algumas das coisas roubadas da cabana de Brunel. Por sorte ou ironia do destino, no momento em que estava sendo conduzido para a prisão pelos guardas, sua escolta deu de encontro com um homem alcoolizado que cambaleava em direção ao grupo e, em meio à confusão, Ravachol conseguiu escapar de seus captores. Rulhière, Fachard e Crozet não tiveram a mesma sorte, sendo presos e interrogados sob severas torturas. Posteriormente foram julgados e condenados respectivamente a penas de sete, cinco e um anos de prisão. Após a fuga, Ravachol procurara por seus amigos, Jus-Beala[29] e sua companheira Mariette Soubert, em Saint Etienne, encontrando refúgio na casa deste casal por algum tempo. Nesse mesmo período outro duplo latrocínio aconteceria em Saint Etienne. Na noite de 27 de julho, uma velha viúva e sua filha seriam mortas a golpes de martelo em um assalto a sua Loja. Posteriormente, durante o julgamento de Ravachol, os promotores tentariam vincular tal crime a ele e a Jus-Beala, responsabilizando-os pelos assassinatos. Na versão da promotoria, Mariette Soubert teria por sua vez servido de olheira para o crime em frente à loja. No entanto, todas as provas se mostraram incongruentes. Jus-Beala e Soubert foram inocentados e, como o motivo do crime era claramente roubo e este acontecera a apenas cinco semanas após o assassinato em Chambles, Ravachol provavelmente não agiria com receio de atrair a atenção das autoridades, ainda mais quando teria ainda algum dinheiro roubado de Brunel.

[29] Jus-Beala foi um anarquista ilegalista de fins do século XIX acusado de ser cúmplice de Ravachol e condenado junto com sua companheira Mariette Soubert, por dar abrigo ao famoso ilegalista em sua casa no subúrbio de Saint Etienne.

APROXIMAÇÃO AO ANARQUISMO

Pouco tempo depois, Beala, Mariette e Ravachol, o último assumindo o pseudônimo de Louis Leger, deixaram Saint Etienne em direção a Saint Denis, um subúrbio ao norte de Paris. Lá tiveram contato com diversas organizações anarquistas. Ravachol, que aprendera a ler e escrever por conta própria e que, até então, se considerava ateu e socialista desde ler, aos 18 anos, "*Le juif errant*"[30], de Eugène Sue[31], encontraria entre os empregados das fábricas e trabalhadores de Saint Denis, verdadeiros entusiastas dos ideais libertários. Em pouco tempo passaria a se considerar um anarquista, assumindo para si a tarefa de combater o capitalismo e o Estado.

Entre as vertentes anarquistas da época, Ravachol e Beala se identificaram prontamente com os ilegalistas defensores da Propaganda pelo Ato;[32] anarquistas que não estavam interessados em organizar movimentos de massa para derrubada da ordem burguesa. Ao invés disso, acreditavam que junto com a recusa ao pagamento

---

30 *Le Juif Errant* ou O Judeu Errante é um romance escrito por Eugène Sue que explora o tema do judeu errante, uma lenda que começou a se espalhar na Europa, no início do século XVII, contando o drama de um sapateiro judeu, Ahasverus, que recusou ajudar Cristo no momento da Paixão e por tal foi condenado à errância eterna. Foi escrito entre 1844 e 1845.

31 Eugène Sue (Paris, 20 de janeiro de 1804 – Annecy, 3 de agosto de 1857) foi um escritor francês. Autor de *Les Mystères de Paris* e *Le Juif errant*. Filho de um distinto cirurgião da Armada Francesa, sua madrinha foi a imperatriz Josefina de Beauharnais e seu padrinho, Eugênio de Beauharnais. Estudou no *Lycée Condorcet*, sendo um aluno medíocre e turbulento. Por não ter obtido bons resultados nos estudos, seu pai o levou para ser aprendiz de cirurgião na Espanha, durante a expedição dos Cem Mil Filhos de São Luís, pela Grécia, em plena guerra da independência e estando Sue na Batalha de Navarino e nas Antilhas. Aos 26 anos recebeu a herança de seu pai e, por ser elegante e sedutor, se tornou amante de muitas mulheres de Paris, ganhando o apelido de *Beau Sue*. Acabou com a fortuna deixada por seu pai em sete anos e passou a escrever para sobreviver. Depois da Revolução de 1848, obteve um assento na *Asamblea* em abril de 1850. Em 1851, se pronunciou contra o golpe de estado dado por Napoleão III, o que resultou em seu exílio na França. Este exílio estimulou sua produção literária, contudo, a qualidade era inferior à de suas obras anteriores. Finalmente, morre em Annecy (Saboia), em 1857.

32 Propaganda pelo Ato, também conhecida como Propaganda pela Ação ou ainda Propaganda pelo Feito (em inglês *propaganda by the deed*, em francês *propagande par le fait*) foi uma concepção estratégica anarquista muito popular entre os ilegalistas do final do século XIX, início do século XX. Consiste basicamente na realização de uma ação de grande visibilidade a fim de que esta se torne referência e inspiração para outras ações semelhantes e/ou complementares implementadas por outros grupos e indivíduos.

de impostos e à participação no serviço militar, o assassinato de representantes do capitalismo e do Estado, os piores inimigos dos trabalhadores, seria a forma mais adequada para alcançar um mundo melhor.

ATENTADOS

MOTIVAÇÕES

Desenho de reconstituição do massacre de 1° de maio de 1891 no largo de Clichy

Em 1° de maio de 1891, em Fourmies, uma manifestação realizada por trabalhadores e suas famílias em exigência de uma jornada laboral diária de oito horas acabou em um massacre. Pela primeira vez na França a recém-inventada metralhadora seria utilizada contra manifestantes desarmados, homens, mulheres e crianças, algumas carregando flores e folhas de palmeira. Catorze pessoas foram mortas e mais de quarenta acabaram gravemente feridas.

No mesmo dia, no largo de Clichy, um grupo de anarquistas também protestando por melhores condições de trabalho foi violentamente abordado pela polícia. Houve troca de tiros entre manifestantes e policiais. Após o confronto, dezenas de pessoas estavam mortas, três anarquistas – Henri Decamps, Charles Dardare e Louis Léveillé – foram então detidos e levados ao Comissário de Polícia para que sobre eles fosse colocada toda a responsabilidade do confronto. Dois deles foram condenados à morte em agosto de 1891, com base em acusações falsas de assassinatos e delitos.

Entre os anarquistas de Saint Denis, Ravachol saberia dos ocorridos em Clichy, Fourmies e Levallois e das penas infringidas a Decamps e Dardare, vistos na época como mártires da causa. Teria contato também com narrativas sobre a execução dos anarquistas espanhóis em Jeres[33].

A violência policial aos trabalhadores juntamente com a repressão aos communards[34] sobreviventes (que datava já desde os tempos da insurreição da Comuna de Paris[35] em 1871), bem como a condenação à morte de anarquistas na França e na Espanha, levariam Ravachol a promover uma série de vinganças, na forma de sucessivos atentados à bomba contra operadores do Estado.

O ROUBO DA DINAMITE

Com o objetivo de vingar os três mártires, juntou-se a um grupo de anarquistas que incluía Faugoux, Drouhet, Chalbret e Chaumentin, para roubar caixas de dinamite de um empreiteiro local, em Soisy-Sous-Etiolles, ao sul de Paris. Cento e vinte bananas de dinamite foram roubadas e deixadas em segredo sob os cuidados de um carpinteiro chamado Bricou, ele próprio também um anarquista. Ao serem notificadas sobre o roubo, as autoridades realizaram operações e batidas nos subúrbios de Saint Denis, Puteaux, Levallois e

[33] Jerez de la Frontera é um município da Espanha na província de Cádiz, comunidade autônoma da Andaluzia, com área de 1188,14 km², população de 202687 habitantes (2007) e densidade populacional de 162,14 hab/km².

[34] Communard era a denominação dos membros e apoiadores da Comuna de Paris em 1871, formada e destruída no início da Guerra Franco-Prussiana e derrota francesa.

[35] A Comuna de Paris foi o primeiro governo operário da história, fundado em 1871 na capital francesa por ocasião da resistência popular ante à invasão alemã.

Asnieres, à época conhecidos redutos de anarquistas. No entanto, nada foi descoberto nos primeiros dias. Ravachol, por questões de segurança, havia se retirado de Saint Denis para Saint Mande, uma localidade mais afastada ao leste de Paris. Ao ser perguntado por seus amigos se ele tinha planos contra Guilhem, o oficial de polícia que havia detido a ele, a Rulhière e aos seus amigos, Ravachol respondia que sua intenção era atingir pessoas em cargos muito mais elevados do que um simples policial. Os alvos escolhidos por ele estavam no ministério público e no judiciário e tinham responsabilidade direta pelo resultado do julgamento de Clichy-Levallois.

ATENTADO AO PRESIDENTE DA CORTE DE JUSTIÇA

Para realizar sua primeira ação Ravachol contaria com a ajuda de um jovem perspicaz chamado Charles Achille Simon[36], um típico gavroche[37] parisiense cujo apelido era "Biscoito". Simon auxiliaria Ravachol no reconhecimento da casa no Boulevard Saint Germain onde M. Benoit, o juiz, ocupava um flat.

Em 2 de março de 1892, Ravachol, vestido com uma fina casaca e cartola, portando dois revólveres em seus bolsos, foi de bonde[38] para Saint Germain, levando consigo um dispositivo explosivo preparado por ele em Saint Mande. Logo após colocar o explosivo no segundo andar da casa, partiu de uma maneira apressada e deselegante. Quando estava afastado já a algumas centenas de

---

36 Charles Achille Simon (Loiret, 11 de maio de 1973 – Caiena, 22 de outubro de 1894) foi um anarquista ilegalista adepto da Propaganda pelo Ato, também conhecido por seus apelidos Biscoito ou Ravachol II.

37 Gavroche é uma personagem do célebre romance escrito por Victor Hugo, *Os Miseráveis*. Gavroche é um personagem pouco presente durante a maior parte do enredo, ganhando maior destaque no final do livro. Durante a batalha entre os revolucionários e o exército, Gavroche percorre a área entre as trincheiras para recolher munição. Enquanto canta sua música e recolhe balas, Gavroche é atingido e morre. Em francês, o termo Gavroche tornou-se um substantivo relativo a travessuras ou molecagem.

38 Um bonde ou elétrico, tramway ou trolley/trólebus (quando se move sobre rodas com pneus) é um meio de transporte público tradicional em grandes cidades da Europa como Basileia, Zurique, Lisboa e Porto, ou das Américas, como São Francisco ou Rio de Janeiro.

metros, pôde ser ouvida por vários quarteirões a grande explosão. Como a casa estava vazia no momento da explosão ninguém acabara ferido, no entanto, os danos causados somariam uma pequena fortuna, tornando-se matéria de destaque e sensacionalismo nos principais jornais.

EXPLOSÃO DO QUARTEL LOBAU

O caso ganharia ainda mais cobertura quando em 18 de março de 1892, no aniversário do levante da Comuna de Paris, o quartel Lobau, local onde centenas de communards foram executados em 1871, foi palco de uma grande explosão. Esta, no entanto, não fora uma ação de Ravachol, mas sim de Théodule Meunier[39], um anarquista carpinteiro que era amigo de Bricou, o responsável por esconder as bananas de dinamite roubadas. Ninguém se feriu na explosão do quartel, mas ainda assim ela seria utilizada como motivo para inúmeras perseguições e prisões que a seu tempo se mostraram infrutíferas. Na época também foi apresentado por Émile Loubet (mais tarde Presidente da República) e aprovado na Assembleia Nacional um projeto de lei que previa pena capital aos responsáveis pelos atentados.

ATENTADO À RESIDÊNCIA DO PROMOTOR DA REPÚBLICA

A medida, no entanto, não conseguiu intimidar nem a Ravachol, nem a Meunier. Em 27 de março, Ravachol se dirigiria a uma casa na Rua de Clichy onde morava M. Bulot, o promotor público

[39] Théodule Meunier – (Cayenne, 25 de junho de 1907) foi um anarquista ilegalista francês que, junto com Emile Henry e Auguste Vaillant, foi responsável por uma série de atentados à bomba em Paris durante a primeira metade do ano de 1892. Os três tinham como alvos específicos locais frequentados pela alta burguesia como cafés em boulevards e casas de magistrados, e edifícios governamentais como delegacias e até mesmo a câmara dos deputados.

do caso de Decamps e Dardare. Carregava consigo uma pequena mala onde estava outro dispositivo explosivo, mais potente do que o utilizado na ação anterior. Como resultado da explosão, as paredes de pedra da casa racharam e a escada desabou por inteira, os gastos somados chegaram a mais de cento e vinte mil francos e seis pessoas acabaram gravemente feridas. Alardeados pela imprensa burguesa, este e outros atos foram tratados como crimes de terrorismo. Esvaziados de sentido político, os atentados de Ravachol e Meunier serviram como subterfúgio para perseguir anarquistas e socialistas e espalhar o terror pela cidade de Paris. Através dos jornais, os principais preocupados, estadistas e membros da elite, buscaram por todos os meios alarmar os habitantes das camadas medianas e pobres da cidade.

SEGUNDA PRISÃO

Satisfeito, Ravachol foi jantar no Boulevard Magenta em um estabelecimento que funcionava como loja de vinhos e restaurante, de propriedade de M. Véry. Este tinha como atendente seu cunhado, um homem chamado Jules Lherot. Ao ser servido por Lherot, Ravachol não se conteve e passou a se vangloriar sobre os atentados do Boulevard Saint Germain e da Rua Clichy. Dias depois Lherot denunciaria Ravachol para a polícia esperando por uma grande recompensa. No dia 30 de março de 1892, Ravachol foi preso pela segunda vez junto a seus amigos Jus-Beala, Mariette, Simon "Biscoito" e Chaumentin. Este último se revelara um hipócrita, que prontamente entregou à polícia uma série de evidências contra os outros, com o fim de se livrar da cadeia. Após ser detido, Ravachol foi interrogado durante horas e falou abertamente aos policiais oferecendo em detalhes todas as informações solicitadas sobre seus atos e motivações. Seu interrogatório, cuja transcrição permaneceu perdida por mais de meio século, não viria a público até que o historiador Jean Maitrón[40] a encontrasse nos Arquivos da Polícia de Paris em 1964.

> *O nomeado acima, após sua refeição, falou o que se segue:*
>
> *"Senhores, é um de meus hábitos, sempre estou fazendo trabalho de propaganda. Vocês sabem o que é anarquismo?". Nós respondemos "Não" a esta pergunta. "Isso não me surpreende", ele respondeu. "A classe trabalhadora, assim como vocês, é forçada a trabalhar para ganhar seu pão, não tem tempo para se dedicar à leitura de livretos que lhes são dados. E o mesmo acontece com vocês. 'Anarquia é a obliteração dos bens.'"*
>
> *"Atualmente existem muitas coisas inúteis; muitas profissões são inúteis, como, por exemplo, contabilidade. Com a anarquia não há mais a necessidade de dinheiro, já não há mais necessidade de escrituras e de outras formas de trabalho que existem atualmente.*
>
> *Existem nos dias de hoje muitos cidadãos sofrendo enquanto outros nadam em opulência, em abundância. Essa situação não pode durar; nós todos deveríamos receber o excedente dos ricos; e mais ainda, obter como eles tudo o que nos é necessário. Na sociedade atual, não é possível alcançarmos esse objetivo. Nada, nem mesmo uma taxação sobre o lucro poderia mudar a face das coisas. Todavia muitos trabalhadores pensam que se agíssemos dessa forma, as coisas poderiam melhorar. É um erro pensar dessa maneira. Se taxamos um locatário, ele irá aumentar seus aluguéis e dessa forma vai dar um jeito de fazer com que aqueles que sofrem paguem pelos novos tributos impostos a ele. De forma alguma, nenhuma lei*

[40] Jean Maitrón foi um historiador anarquista nascido na França que pesquisou sobre Ravachol e outros ilegalistas do século XIX.

pode impedir os locatários de serem senhores de seus próprios bens, nós não podemos impedi-los de fazerem o que quer que queiram fazer com eles. O que então poderíamos fazer? Acabar com a propriedade e, fazendo isso, acabar com aqueles que a tudo tomam. Se essa abolição acontecer, também teremos que nos livrar do dinheiro, de forma a evitar qualquer ideia de cumulação, que poderia nos forçar a uma volta ao atual regime.

É fato que o dinheiro é a causa de toda a discórdia, de todo o ódio e de todas as ambições; ele é, em uma palavra, o criador da propriedade. Esse metal, na verdade, nada é além de um preço acordado, surgido de sua raridade. Se nós não fôssemos mais obrigados a dar algo em troca das coisas que precisamos para viver, o ouro perderia seu valor e ninguém se interessaria por ele. Nem poderiam eles enriquecer a si próprios, porque nada que eles pudessem acumular poderia servir-lhes para que obtivessem uma vida melhor que a dos outros. E já não seriam mais necessárias as leis, nem necessários seriam os mestres.

Quanto às religiões, elas seriam destruídas, porque sua influência moral não mais possuiria qualquer razão para existir. Não haveria mais o absurdo da crença em um Deus que não existe, desde que depois da morte tudo está acabado. Então poderíamos nos agarrar à vida, mas quando digo vida quero dizer vida, o que não significa escravidão diária para fazer os patrões gordos, enquanto morremos de fome fazendo de nós os responsáveis pelo bem-estar deles.

Mestres não seriam necessários, essa gente que ociosamente é mantida pelo nosso trabalho; todo mundo se faria útil à sociedade, pela qual eu digo trabalhando de acordo com suas habilidades e aptidões. Dessa forma, um poderia ser um padeiro, outro um professor, etc. Seguindo esse princípio, o trabalho por si mesmo diminuiria, e cada um de nós teria apenas uma ou duas horas de trabalho diário. Aquele que não fosse capaz de permanecer sem algum tipo de ocupação, encontraria sua distração no trabalho; haveriam ainda alguns preguiçosos, e, se eles existissem, haveriam tão poucos deles que poderíamos deixá-los em paz e, sem queixa, deixá-los viver do trabalho de outros.

Não existiriam mais leis, o casamento seria destruído. Nós poderíamos nos unir por inclinação, e a família seria fundada no amor de um pai e de uma mãe por seus filhos. Por exemplo, se uma mulher não mais amasse aquele a quem ela havia escolhido como companheiro, ela poderia se separar dele e buscar um novo relacionamento. Em uma palavra, completa liberdade para viver com aqueles a quem amamos. Como no caso em que eu falei se houvesse crianças, a sociedade poderia criá-las, isso é para dizer, aqueles que gostassem das crianças poderiam criá-las.

Com essa união livre, não existiria mais a prostituição. Não haveriam mais doenças íntimas, uma vez que elas nascem somente do abuso de ambos os sexos; um abuso ao qual as mulheres são forçadas a se submeterem, já que as condições atuais da sociedade obriga-as a suportá-lo como um trabalho para sobreviver. Será o dinheiro a necessidade de uma vida, mesmo que ganho a qualquer custo?

Pelos meus princípios, os quais não posso explicar em tão pouco tempo tão cheios de detalhes, o exército não mais possuiria razão para existir, desde que não existiram mais nações distintas; a propriedade privada seria destruída, e todas as nações se juntariam em uma só, que poderia ser o Universo.

Não mais guerra, não mais disputas, não mais ciúmes,

não mais roubos, não mais assassinatos, não mais sistema penal, não mais polícia, não mais governo.

Os anarquistas ainda não alcançaram os pormenores de seu projeto; os marcos apenas foram assentados. Hoje os anarquistas são em número suficiente para derrubar o atual estado de coisas, e se isso ainda não aconteceu, é porque precisamos completar a educação daqueles que nos seguem, fazendo surgir neles a energia e a força de vontade capaz de auxiliar na realização dos seus projetos. Tudo o que é necessário para isso é um empurrão, que alguns coloquem em suas próprias cabeças, e a revolução tomará seu lugar.

Aqueles que explodem casas têm como objetivo o extermínio de todos aqueles que, por sua posição social ou por seus atos, são nocivos à anarquia. Se fosse permitido atacar abertamente estas pessoas sem temer a polícia, pela própria vida, não sairíamos a destruir suas casas com dispositivos explosivos que poderiam matar pessoas das classes sofredoras que têm a seu serviço ao seu redor."

Este depoimento tornou-se um célebre documento da forma como Ravachol pensava seus princípios em articulação com a difícil realidade das camadas populares da França em fins do século XIX.

Julgamentos

PRIMEIRO JULGAMENTO NA COUR D'ASSISES NO SEINE

Salão da Cour d'Assises, ou seja, do Tribunal Penal

O primeiro julgamento ocorrido em 24 de abril começaria em meio ao pânico causado pela explosão do restaurante Véry onde trabalhava Lherot, o delator de Ravachol. No atentado orquestrado por Mernieur morreriam o dono do restaurante e um dos clientes, deixando muitos feridos. Lherot fugiria do país sem receber nenhuma recompensa além da perda do cunhado que também era seu patrão. Após a prisão de Ravachol e da prisão ou deportação de tantos anarquistas suspeitos quanto a polícia conseguira agarrar, as autoridades não esperavam que novos atentados pudessem acontecer.

Na ocasião, Ravachol surpreendera os presentes por sua atitude firme diante dos juízes, que mesmo antes de sua captura já tinham definido por lei seu veredicto. Chaumentin, que de vontade própria dera provas contra seus companheiros, saíra livre como um ato de benevolência por parte do procurador M. Quesnay de Beaurepaire. Também Jus-Beala e Mariette Soubert foram absolvidos pela falta de evidências, fazendo com que a acusação focasse sua atenção em Ravachol e no jovem Simon. De acordo com os relatos da época, Ravachol possuía em suas mãos uma folha onde havia escrito sua declaração, não propriamente de defesa, mas chamando seus juízes à reflexão. Quando inquirido sobre sua responsabilidade sobre os atos pelos quais estava sendo julgado, começou a lê-la, no entanto, foi interrompido depois de algumas palavras sem jamais poder retomá-la até o fim do julgamento.

> *"Se tomo a palavra não é para me defender dos atos de que me acusam, pois é somente a sociedade a responsável, que por causa da sua organização põe os homens em luta contínua uns contra os outros. De fato, não vemos hoje em todas as classes e em todas as profissões pessoas que desejam, não direi a morte, já que soaria mal, mas sim a desgraça de seus semelhantes, se esta puder lhes trazer algum benefício. Por exemplo, um patrão que deseja ver desaparecer um concorrente? Todos os comerciantes geralmente não guerreiam uns contra os outros com o objetivo de serem os únicos a desfrutarem dos benefícios que resultam deste tipo de ocupação? O trabalhador sem trabalho não deseja, para obter um trabalho, que por um motivo qualquer que um que esteja empregado seja despedido de sua função? Pois bem, em uma sociedade onde se produzem tais fatos, não devemos nos surpreender com o tipo de atos que agora me censuram, que não são mais que a consequência lógica da luta pela existência que têm os homens que, para viver, são obrigados a recorrer a todo tipo de meios. E já que cada um por si próprio se preocupa consigo, em suas próprias necessidades se limita a pensar 'Pois bem, já que as coisas são assim, eu não tenho por que duvidar, quando tenho fome, em recorrer a todos os meios ao meu alcance, ainda e com o risco de provocar vítimas! Os patrões quando despedem os trabalhadores se preocupam se estes vão morrer de fome? Todos os que têm benefícios se preocupam se existem pessoas que lhes falta até mesmo o necessário?'*
>
> *Certamente existem alguns que ajudam, mas são*

incapazes de aliviar a todos aqueles necessitados e aos que morrerão antes de seu tempo em consequência das privações de todo tipo, ou voluntariamente pelos suicídios de todo tipo para colocar fim a uma existência miserável e não ter que suportar as agruras da fome, as vergonhas, as inúmeras humilhações e desesperos sem fim. Nesta situação se encontram a família Hayem e a senhora Souhain que levou a morte a seus filhos para não os ver sofrer por mais tempo, e todas as mulheres que, por medo de não poder alimentar a um filho, não hesitam em comprometer sua saúde e sua vida destruindo em seu seio o fruto de seus amores."

E continua:

"E todas essas coisas acontecem em meio à abundância de todo tipo de produtos. Compreenderíamos que tudo isto tivesse lugar em um país onde os produtos são escassos, onde não há alimentos. Mas na França, onde reina a abundância, onde os açougues transbordam de carne, as padarias de pão, onde a roupa, o calçado, estão amontoados nas lojas, onde existem casas vazias! Como admitir que tudo está bem na sociedade, quando se vê tão claramente o contrário?"

LE PROGRÈS ILLUSTRÉ

RAVACHOL ET SES COMPLICES DEVANT LA COUR D'ASSISES

Capa do jornal Progrès Illustré mostrando Ravachol e seus cúmplices no Tribunal Penal (Cour d'Assises em francês) do Seine

"Haverá gente que se compadecerá de todas estas vítimas, mas que dirão que não podem

fazer nada. Que cada um ajude como possa! Que pode fazer a quem falta o necessário mesmo enquanto trabalha, quando está desocupado? Não mais que desejar morrer de fome. Então se lançarão algumas palavras de piedade sobre o seu cadáver. Isto é o que gostaria de ter deixado para os outros. Eu preferi me fazer contrabandista, falsificador, ladrão e assassino. Poderia ter mendigado, mas é degradante e covarde, e até castigado pelas suas leis que transformam em delito a miséria. Se todos os necessitados, em lugar de esperarem, tomassem de onde existe o que precisam, não importando de que forma, entenderiam talvez mais depressa como é perigoso desejar manter o estado social atual, onde a inquietação é permanente e a vida está ameaçada a cada instante. Acabaríamos, sem dúvida, compreendendo mais rapidamente que os anarquistas têm razão quando dizem que, para conseguir tranquilidade moral e física, é necessário destruir as causas que geram os crimes e os criminosos: não é suprimindo àquele que, ao invés de morrer de uma morte lenta em consequência das privações que teve e terá que suportar, sem esperanças de vê-las acabar, prefere, se tem um pouco de energia, tomar violentamente aquilo que lhe pode assegurar o bem-estar, ainda que sob o risco de sua morte, que não é mais que um fim para seus sofrimentos. E é aqui que está por que cometi os atos que me reprovam e que não são mais que a consequência lógica do estado bárbaro de uma sociedade que não faz mais que aumentar o número de suas vítimas pelo rigor de suas leis que se alçam contra os efeitos sem jamais tocar nas causas; dizem que se tem que ser cruel para matar a um semelhante, mas os que falam isto não veem que decidimos fazê-lo tão somente para evitarmos a nossa própria morte. Igualmente, vocês, senhores juízes, que sem dúvida vão me condenar à pena de morte, porque acreditam que é uma necessidade e que meu desaparecimento será uma satisfação para vocês que têm horror em ver correr o sangue humano, mas que quando acreditam que será útil derramá-lo para garantir a segurança da vossa existência, não duvidarão mais do que eu em fazê-lo, com a diferença que vocês o fazem sem correr nenhum risco, enquanto que eu agi colocando em risco e perigo minha liberdade e minha vida. Bem, senhores, existe mais criminosos a serem julgados, mas as causas do crime não são destruídas. Criando os artigos do Código, os legisladores se esqueceram que eles não atacam as causas, mas somente os efeitos, e, efeitos que todavia se desencadearão. Sempre existirão criminosos, ainda que destruam um, amanhã nascerão outros dez.

O que fazer então? Destruir a miséria, esta semente do crime, assegurando a cada qual a satisfação de todas suas necessidades! E quão difícil é de realizar! Seria suficiente estabelecer a sociedade sobre novas bases onde tudo seria de todos, e onde cada um, produzindo segundo suas aptidões e suas forças, poderia consumir segundo suas necessidades. Desta forma não veremos mais gente como o ermitão de Notre-Dame-de-Grâce, mendigando por moedas daqueles que se tornam escravos e vítimas! Não veremos mais mulheres cedendo seus corpos, como uma mercadoria vulgar em troca destas mesmas moedas que nos impede frequentemente de reconhecer se o afeto é realmente sincero. Não veremos mais homens como Pranzini, Prado, Berland, Anastay e outros que, para obter esse mesmo metal, chegam a dar morte! Isto demonstra claramente que a causa de todos os crimes é sempre a mesma e que é necessário ser realmente insensato para não enxergá-la.

Repito, se é a sociedade quem cria os criminosos, e vocês, juízes, no lugar de golpeá-los, deveriam usar vossa inteligência e vossas forças para transformar a sociedade. Com um golpe só fariam desaparecer todos os crimes; e vossa obra, atacando as causas, seria maior e mais fecunda que vossa justiça que se limita a castigar seus efeitos.

Não sou mais que um trabalhador sem estudo, mas por ter vivido a vida dos pobres, tenho mais capacidade que um burguês rico para sentir a perversidade das suas leis repressivas. Onde foi que conseguiram o direito de matar ou prender um homem que, colocado sobre a terra com a necessidade de viver, se viu na necessidade de tomar aquilo que lhe faltava para se alimentar? Trabalhei para viver e para sustentar a minha família; para que nem eu nem meus parentes sofrêssemos demais. Mantive-me da forma que vocês chamam 'honesto'. Depois o trabalho faltou e sem ele veio a fome. Só então veio essa grande lei da natureza, esse brado imperioso que não admite ficar sem resposta, o instinto de preservação me levou a cometer alguns dos crimes e infrações dos quais sou acusado e que admito ser o autor.

Me julguem, senhores do júri, mas, se vós me compreendestes, ao me julgarem julguem todos os desafortunados cuja pobreza combinada com orgulho natural transformou em criminosos, e àqueles cuja riqueza ou o benefício transformou em homens honestos.

Uma sociedade inteligente teria feito deles homens, como quaisquer outros."

Tanto Ravachol quanto Simon foram considerados culpados e condenados a trabalhos forçados para o resto de suas vidas. As investigações não parariam aí, um outro julgamento teatral seria armado com a intenção de condenar Ravachol finalmente à guilhotina.

Em um artigo publicado em 1° de maio, Octave Mirbeau apresenta uma das mais balanceadas visões sobre as motivações das atividades terroristas de Ravachol.

Quem é – o autor de toda essa interminável procissão de torturas que tem sido a história da raça humana – quem é responsável por estes banhos de sangue, sempre com a mesma crueldade, sem descanso nem misericórdia? Governos, religiões, indústrias, campos de trabalho forçado, todos eles estão encharcados de sangue.

– Octave Mirbeau, Ravachol

SEGUNDO JULGAMENTO EM MONTBRISON

Segundo julgamento de Ravachol em Montbrison, na corte de justiça de Loire. Após ser mantido durante dois meses em uma espécie de jaula sob vigilância constante, Ravachol foi finalmente enviado da Corte de Assises para Montbrison para responder pelos assassinatos dos quais era acusado. Com a aparência cansada, ele se colocou frente à Corte; na plateia estavam presentes homens ilustres, jornalistas e curiosos anônimos. Seus amigos Beal e Mariette compareceram junto com ele, mas apenas na qualidade de cúmplices por oferecerem abrigo após o assassinato do eremita de Chambles. Entre as testemunhas trazidas pela acusação estava a companheira de Ravachol, La Rulhière. Ao vê-la, pela primeira vez ele choraria em um local público, enquanto ela por sua parte declararia que ainda o amava e que o acusara falsamente.

Durante o julgamento, Ravachol confessaria alguns dos crimes dos quais era acusado, negando absolutamente sua participação em outros assassinatos que não o de Chambles. Sobre este episódio em que matara o eremita em Chambles, ele afirmaria ser ele o resultado da situação miserável na qual ele vivia.

Por fim, a Corte de Justiça de Loire condenaria Ravachol à guilhotina pelos três assassinatos, diversos delitos e dois outros crimes comuns ocorridos em 1886 e 1891. Após ouvir o pronunciamento da sentença, ele gritaria:

Vive l'Anarchie!

Após o julgamento, Ravachol se recusou a apelar para a Corte ou solicitar uma prorrogação junto ao Presidente da República. Até hoje sua participação em dois dos assassinatos pelos quais foi condenado é motivo de dúvidas entre os historiadores.

EXECUÇÃO

No dia 11 de julho de 1892, Ravachol foi guilhotinado em Montbrison, aos 32 anos de idade, pelo Estado francês. Naquela mesma manhã um telegrama seria emitido pelo Estado que o executou descrevendo as últimas ações de Ravachol e o contexto em que se deu sua decapitação.

> *A Justiça foi feita esta manhã às 4:05 sem incidentes ou protestos de qualquer tipo. Ele acordou às 3:40. O condenado recusou a presença do capelão e declarou que não tinha nada para confessar. Inicialmente pálido e trêmulo, logo ele demonstrou um cinismo afetado e exacerbação aos pés do patíbulo momentos antes da execução. Em voz alta ele cantou rapidamente uma curta cançao blasfema e revoltantemente obscena. Ele não pronunciou a palavra 'anarquia', e quando sua cabeça foi colocada no buraco ele emitiu um último grito de "Longa Vida à Re..." Uma calma completa reinou na cidade. E assim aconteceu como reportado.*

A canção descrita pelas autoridades como "obscena" e "blasfema" cantada por Ravachol aos pés do patíbulo foi a "*La Ravachole*", uma paródia da "*La Carmagnole*" popularmente criada em sua homenagem. Seus executores consideraram que a palavra cortada pela lâmina da guilhotina era "República", no entanto, é evidente que a palavra era de fato "Revolução".

Ravachol e os Maçons Anarquistas

Sébastien Faure

Ravachol angariou a simpatia de muitos Maçons anarquistas e dentre eles se destaca Sébastien Faure, que compôs uma paródia, baseada na canção *La Carmagnole*, em homenagem a Ravachol.

Um dos vultos de primeira grandeza da *Maçonaria* e do Anarquismo, Sébastien Faure foi notável ativista libertário e anticlericalista francês, pedagogo, jornalista, poeta e compositor durante o período que compreende a segunda metade do século XIX e início do século XX.

La Ravachole

La Ravachole, escrita por Sébastien Faure na última década do século XIX, é uma paródia de outra canção francesa, La Carmagnole, cuja letra foi modificada em homenagem ao anarquista ilegalista Ravachol. Segundo os registros governamentais sobre a execução de Ravachol, o próprio teria cantado a música momentos antes de ser guilhotinado. La Carmagnole foi uma famosa canção francesa de fins do século XIX que exaltava os feitos dos Sans Cullote[41] em diversos episódios da Revolução Francesa. *Carmagnole* é um tipo de jaqueta curta que era utilizada pelas camadas populares de trabalhadores na França de fins do século XVIII.

LA RAVACHOLE

Paroles de Sébastien Faure

Sur l'air de ***La Carmagnole*** *et du* ***Ça ira***

Dans la grand'ville de Paris
Dans la grand'ville de Paris
Il y a des bourgeois bien nourris
Il y a des bourgeois bien nourris
Il y a les miséreux
Qui ont le ventre creux:
Ceux-là ont les dents longues,
Vive le son, vive le son,
Ceux-là ont les dents longues,
Vive le son
D'l'explosion!

[41] *Sans-Culottes* (do francês "sem calção") era a denominação dada pelos aristocratas aos artesãos, trabalhadores e até pequenos proprietários participantes da Revolução Francesa a partir de 1771, principalmente em Paris. Recebiam esse nome porque não usavam os elegantes *culottes*, espécie de calções justos que apertavam no joelho que a nobreza vestia, mas uma calça de algodão grosseira. Na época da Revolução Francesa, a calça comprida era o típico traje da época usado pelos burgueses.

Refrain:

Dansons la Ravachole,
Vive le son, vive le son,
Dansons la Ravachole,
Vive le son
D'l'explosion!
Ah, ça ira, ça ira, ça ira,
Tous les bourgeois goût'ront d'la bombe,
Ah ! ça ira, ça ira, ça ira,

Tous les bourgeois on les saut'ra...
On les saut'ra!

Il y a les magistrats vendus,
Il y a les magistrats vendus,
Il y a les financiers ventrus,
Il y a les financiers ventrus,
il y a les argousins.
Mais pour tous ces coquins
Il y a d'la dynamite,
Vive le son, vive le son,
Il y a d'la dynamite,
Vive le son
D'l'explosion!

Refrain

Il y a les sénateurs gâteux,
Il y a les sénateurs gâteux,
Il y a les députés véreux,
Il y a les députés véreux,
Il y a les généraux,
Assassins et bourreaux,

Bouchers en uniforme,
Vive le son, vive le son,
Bouchers en uniforme,
Vive le son
D'l'explosion!

Refrain

Il y a les hôtels des richards,
Il y a les hôtels des richards,
Tandis que les pauvres déchards,
Tandis que les pauvres déchards,
À demi morts de froid
Et soufflant dans leurs doigts,
Refilent la comète,
Vive le son, vive le son,
Refilent la comète,
Vive le son
D'l'explosion!

Refrain

Ah, nom de dieu, faut en finir!
Ah, nom de dieu, faut en finir!
Assez longtemps geindre et souffrir!
Assez longtemps geindre et souffrir!
Pas de guerre à moitié!
Plus de lâche pitié!
Mort à la bourgeoisie,
Vive le son, vive le son,
Mort à la bourgeoisie,
Vive le son
D'l'explosion!

Refrain

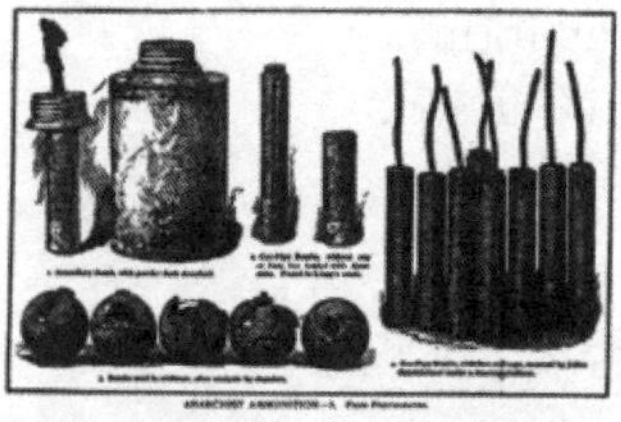

Bombas utilizadas por anarquistas

BIBLIOGRAFIA CONSULTADA

ABIDOR, M. Ravachol. Disponível em: http://www.marxistsfr.org/reference/archive/ravachol/biography.htm. Acesso em: 19 jun. 2010.

ANARCHOPEDIA. Ravachol. Disponível em: <http://eng.anarcho-pedia.org/Ravachol> Acesso em: 19 jun. 2010.

WIKIPÉDIA. Ravachol. Disponível em: <http://pt.wikipedia.org/wiki/Ravachol >Acesso em: 19 jun. 2010.

WORLDLINGO. Ravachol. Disponível em: http://www.worldlingo.com/ma/enwiki/pt/Ravachol. Acesso em 19 jun. 2010.

A Maçonaria Feminina, Feminismo e Anarquismo

O Feminismo é um discurso intelectual, filosófico e político que tem como meta direitos equânimes e uma vivência humana liberta de padrões opressores baseados em normas de gênero. Envolve diversos movimentos, teorias e filosofias advogando pela igualdade para homens e mulheres e a campanha pelos direitos das mulheres e seus interesses. A história do Feminismo pode ser dividida em três "ondas". A primeira teria ocorrido no século XIX e início do século XX, a segunda nas décadas de 1960 e 1970, e a terceira teria ido da década de 1990 até a atualidade. A teoria feminista surgiu destes movimentos femininos e se manifesta em diversas disciplinas como a geografia feminista, a história feminista e a crítica literária feminista. O Feminismo alterou principalmente as perspectivas predominantes em diversas áreas da sociedade ocidental, que vão da cultura ao direito. As ativistas femininas fizeram campanhas pelos direitos legais das mulheres (direitos de contrato, direitos de propriedade, direitos ao voto), pelo direito da mulher à sua autonomia e à integridade de seu corpo, pelos direitos ao aborto e pelos direitos reprodutivos (incluindo o acesso à contracepção e a cuidados pré-natais de qualidade), pela proteção de mulheres e garotas contra a violência doméstica, o assédio sexual e o estupro, pelos direitos trabalhistas, incluindo a licença-maternidade e salários iguais, e todas as outras formas de discriminação. Durante a maior parte de sua história, a maior parte dos movimentos e teorias feministas tiveram líderes que eram principalmente mulheres brancas de classe média, da Europa Ocidental e da América do Norte. No entanto, desde pelo menos o discurso de Sojourner Truth[42], feito em 1851 às feministas dos Estados Unidos, mulheres de outras raças propuseram formas alternativas de feminismo.

Sojourner Truth, cerca de 1862

[42] Sojourner Truth, nascida Isabella Baumfree por volta de 1797 em Swartekill, Nova Iorque, na condição de escrava, foi uma empregada doméstica e palestrante norte-americana. Sojourner fugiu para o Canadá em 1827, levando com ela o seu filho mais novo. Em 1829, regressou a Nova Iorque, após a abolição da escravatura nesse estado. Durante mais de uma década trabalhou como empregada doméstica. Nesse período de tempo juntou-se a Elijah Pierson, dando sermões evangélicos nas ruas. Mais tarde tornou-se uma oradora famosa na defesa do abolicionismo e dos direitos das mulheres, sendo particularmente lembrada pelo célebre discurso Ain't I a Woman? Em 1841, mudou-se para Northampton, no Massachusetts, juntando-se a uma comunidade utópica (a Northampton Association of Education and Industry). Quando a comunidade encerrou, ela permaneceu em Florence, no Massachusetts, onde trabalhou com Olive Gilbert na produção da autobiografia *Narrative of Sojourner Truth: A Northern Slave*.
Em 1857, Truth mudou-se para o Michigan e aí continuou a defender os seus ideais. Depois da *Proclamação de Emancipação* ela mudou-se para Washington DC, onde conheceu o presidente Abraham Lincoln. Em 1867, voltou para o Michigan e morreu na sua casa em Battle Creek (no dia 26 de novembro de 1883). Em 1983 ela passou a ser representada no *Michigan Women's Hall of Fame*.

Esta tendência foi acelerada na década de 1960, com o movimento pelos direitos civis que surgiu nos Estados Unidos, e o colapso do colonialismo europeu na África, no Caribe e em partes da América Latina e do Sudeste Asiático.

Sojourner Truth com Abraham Lincoln

Deolinda Lopes Vieira Quartim, Maçom e Feminista

Filha de doméstica e de caixeiro-viajante, Deolinda Lopes Vieira (Pinto Quartim) nasceu na cidade de Beja, em 8 de julho de 1883, e faleceu em Lisboa, em 8 de junho de 1993. Frequentou a escola primária na sua cidade natal e, aos 12 anos de idade, seus pais fixaram residência em Lisboa. Foi nessa cidade que Deolinda cursou a Escola Normal. "Fortemente marcada pela vivência republicana", teria sido durante a juventude, e por intermédio das obras de Tolstói, Kropotkin, Élisée Reclus, Sébastien Faure, Jean Grave e muitos outros, que Deolinda teria encontrado "o fundamento para as suas opções políticas e sociais". Tempos depois, conheceu António Pinto Quartim, divulgador do anarquismo e autor de vários livros, além de responsável por projetos culturais e jornalísticos como *O Protesto – Guerra Social* (1908-1909), *Amanhã* (1909) e *Terra Livre* (1913). António teria sido, ainda, o primeiro chefe de redação do jornal *A Batalha* (1919). Deolinda começou a trabalhar como professora na Escola Oficina Nº 1 por volta de 1910. Um ou dois anos depois, acompanhou o marido, António Pinto Quartim, ao Brasil, posto ter sido ele expulso de Portugal devido às suas atividades políticas e sociais no âmbito do anarquismo. Regressou a Portugal em 1915 e voltou a trabalhar na Escola Oficina Nº 1, mas também lecionou em algumas escolas móveis republicanas, que foram extintas em 1930. Em 1919, especializou-se em educação infantil na Escola Normal de Benfica, que era dirigida, naquela época, por Adolfo Lima. A partir de então, trabalhou alternadamente na Escola Oficina e no ensino oficial infantil, então recém-criado. Com a extinção do ensino infantil em 1932, foi transferida para uma escola do ensino primário oficial onde se manteve até a sua aposentadoria, ocorrida por volta de 1939-1940.

Embora a sua vida atravesse a transição para a República, o Estado Novo e o regime democrático, ela será fortemente marcada, quer ao nível pessoal, quer profissional, pelo primeiro período. Neste contexto, a trajetória pedagógica de Deolinda Lopes Vieira não se limita a estruturar-se em torno da educação com crianças do ensino primário e infantil, mas reflete de igual modo a sua implicação, não apenas como professora, mas também como mulher refletindo os ideais que marcam em definitivo a sua forma de pensar e estar na educação: a participação ativa num projeto de escola alternativo ao ensino e educação oficiais – *Escola Oficina nº 1* – de influência anarquista e libertária, a participação em movimentos sociais feministas, conotados com a ideologia republicana - *Conselho Nacional das Mulheres Portuguesas* - (1914), e Maçônicos - *Loja Humanidade do Direito Humano* - (1923). Participa ainda ativamente em órgãos sindicais como a *Associação dos Professores de Portugal.* E ainda como aluna da Escola Normalista de Alcântara (Lisboa).

Certa vez disse: *"Eu era Normalista de Alcântara, era diplomada para o Ensino Primário. Já naquele tempo procurava ler coisas... éramos todos muito idealistas!"*. Disse também que participou na greve acadêmica contra João Franco (1907). *"Eu já era! Já no tempo da República, antes da República eu era uma entusiasta do Partido Republicano, que era o que naquele tempo agitava..."*

Casou com Pinto Quartim, "nascido no Brasil, filho de pai português e de mãe brasileira", intelectual de origem social burguesa, ativista, defensor e divulgador do doutrinarismo anarquista, com vários pequenos livros publicados, mas sobretudo responsável por projetos culturais e jornalísticos como os de *O Protesto – Guerra Social* (1908-09), *Amanhã* (1909), fundador do jornal libertário *"Terra Livre"*(1913), e primeiro chefe de redação de "A Batalha" em 1919. Por volta de 1912 vai para o Brasil com o marido, que, considerado cidadão brasileiro, fora expulso por intervir na política portuguesa. Ao que parece não foi a primeira vez que tal sucedeu, pois, como recorda Deolinda, "*o meu marido foi grevista na greve de 1907. Foi um dos expulsos. Mas eu não o conhecia*!". Regressa em 1915. É mãe da atriz Glicínia Quartim, que, à semelhança das suas irmãs e irmão, frequentou a Escola Oficina nº 1, nos finais da década de 20, princípios da década de 30.

Outra faceta do seu percurso profissional prende-se com a educação infantil. Deolinda Lopes Vieira tirou também o diploma do ensino infantil, em Benfica, "no tempo em que se tirava lá o Curso de professor do ensino infantil ... para mim foi uma espécie de reciclagem...", tendo trabalhado nas escolas oficiais, nas seções infantis. " ... a relação é muito difícil (devido ao número de alunos por turma). ... Aquilo ou há que trabalhar com disciplina militar ...

Obra e vida pública

> *"Ser revolucionário é todo aquele que pretende modificar para o bem... aquilo que nós consideramos o bem! (...) Eu considerava-me uma libertária... (...) Eu lia coisas: naquele tempo li muito Tolstói, Kropotkin, Élisée Reclus, alguns franceses, o Sébastien Faure, o Jean Grave, etc., o que se lia naquele tempo. E foi assim que fui simpatizando, não é, sempre com alguma ingenuidade que os novos têm."*

Deolinda Lopes Vieira foi uma das principais figuras da escola Oficina nº 1 e alguém que percorreu de forma ativa o movimento social português do 1º quarto do nosso século, estando também ligada aos primeiros movimentos feministas da altura.

DEOLINDA LOPES VIEIRA E A MAÇONARIA

Foi também Maçom com o pseudônimo de "Mª Amália Vaz de Carvalho". No Quadro da Loja Humanidade do Direito Humano, referente a 1926, Deolinda Lopes Vieira figura como uma das irmãs, ao lado de outras mulheres feministas. Tinha 35 anos, casada, professora, natural e com residência em Lisboa, tendo-se Iniciado em 1923 com o nome simbólico de Maria Amália Vaz de Carvalho. Nesta medida, se a data da sua iniciação se opera em 1923, isso significa que desde a primeira hora Deolinda Lopes Vieira participou nesta organização; depois de uma série de desilusões com o Grande Oriente Lusitano Unido, decide filiar-se numa Organização Maçônica Internacional Mista com sede em Paris. O processo de filiação é reconhecido por carta de 24 de maio de 1923. As reivindicações que vamos encontrar entre 1907 e 1923 não se alteram significativamente quer na Maçonaria quer no movimento feminista, se bem que, neste último, a República tenha satisfeito algumas das preocupações fundamentais.

Em Portugal manteve-se sempre a tradição de adoção de um nome simbólico quando da Iniciação Maçônica. Devia ser escolhido entre uma figura da história ou da mitologia pelo qual o candidato tivesse uma especial admiração. Se de início tinha a vantagem de esconder a verdadeira identidade dos Maçons, perante as perseguições e devassas da polícia, ficou depois como tradição, reveladora, a seu modo, de algumas das características dos candidatos. (...) Os nomes simbólicos que adotam podendo ser figuras nacionais ou estrangeiras representam princípios Maçônicos e cívicos de caráter geral.

Fez parte do Conselho Nacional das Mulheres Portuguesas (CNMP), que apesar de declarar estatutariamente não se subordinar a nenhuma escola ou facção filosófica, religiosa ou política, foi inicialmente conotado com a ideologia republicana, devido à presença suspeita de muitas mulheres da Liga das Mulheres Republicanas[43], e participou no 1º Congresso Feminista e de Educação,

---

[43] "Sob o impulso de destacados membros do partido republicano – Bernardino Machado, Magalhães Lima e António José de Almeida – que a 19 de fevereiro de 1909 nascerá a Liga das Mulheres Republicanas, cujas feministas da liga constituem no dizer de Ana de Castro Osório "a elite esclarecida do país que pela educação elevarão o povo até elas". Trata-se no fundo de um feminismo de índole burguesa, cuja ação se reduz inicialmente à propaganda política do ideal republicano, sendo o slogan na altura "Trabalhe a mulher pela república que trabalhará pela sua causa". Em 1914, funda-se o Conselho Nacional das Mulheres Portuguesas, por Adelaide Cabete. Tratava-se de uma instituição de âmbito não só nacional como internacional filiada no Conselho Internacional das Mulheres.

em 1924, realizado em Lisboa, de 4 a 9 de maio, no Salão Nobre da Associação dos Socorros Mútuos dos Empregados de Comércio de Lisboa. A Comissão Organizadora do Congresso era constituída por personalidades conhecidas do meio associativo, entre as quais figurava Deolinda Lopes Vieira, como vogal. Neste Congresso Deolinda Lopes Vieira apresenta uma tese de caráter pedagógico-social, "Educação de anormais". Embora o clima político tivesse mudado, o Conselho Nacional das Mulheres Portuguesas ainda conseguiu, em junho de 1928, organizar o 2º Congresso Feminista Português. Enquanto o país caminhava para um estado fechado, o Conselho Nacional das Mulheres Portuguesas estava, devagar também, a abrir e a diversificar-se. As teses apresentadas em 1928 são mais progressistas do que as do primeiro congresso em 1924. Neste Congresso Deolinda Lopes Vieira apresenta uma tese sobre a "Escola Única"– um tema atualíssimo, por causa do decreto nº 13791 de 16.6.1927, que tinha acabado de abolir o regime de coeducação em quase todas as escolas de ensino primário.

OBEDIÊNCIAS PORTUGUESAS

GRANDE ORIENTE LUSITANO
Data de 1802 a sua criação, tendo sido Reconhecido pelo Grande Oriente de França em maio de 1804.
DIREITO HUMANO "Le Droit Humain", Ordem Maçônica Mista Internacional. Iniciou os seus trabalhos em Portugal em 1923.
GRANDE LOJA REGULAR DE PORTUGAL
Fundada em 29 de junho de 1991, com escritura pública de Associação em 15 de julho de 1991, 3º Cartório Notarial de Lisboa
GRANDE LOJA LEGAL DE PORTUGAL
Associação criada em 23 de dezembro de 1996
GRANDE LOJA FEMININA DE PORTUGAL
Fundada em 27 de março de 1997

GRANDE LOJA NACIONAL PORTUGUESA
Associação criada em março de 2000
GRANDE LOJA TRADICIONAL DE PORTUGAL
"Jurisdição maçônica" criada em janeiro de 2004

Adelaide Cabete (1867-1935)

Maçom, Médica, professora, pedagoga e militante republicana e feminista

De origem modesta, só iniciou estudos depois de casar (1885) com Manuel Ramos Fernandes Cabete, um sargento autodidata, explicador de latim e grego, que a incentivou e acompanhou naquele propósito. Fez em 1890, aos 23 anos, o exame da instrução primária e concluiu, aos 33 anos (1900), a licenciatura em Medicina da Escola Médico-Cirúrgica de Lisboa, com a tese *A Proteção às Mulheres Grávidas Pobres*. Como médica, distinguiu-se no apoio às mulheres grávidas, na divulgação dos cuidados materno-infantis (puericultura) e no combate ao alcoolismo, publicando sobre o assunto a obra *Papel que o Estudo da Puericultura, da Higiene Feminina, etc. deve Desempenhar no Ensino Doméstico* (1913), *Proteção à Mulher Grávida* (1924) e *A Luta Anti-Alcoólica nas Escolas* (1924). Foi professora de Higiene no Instituto Feminino de Odivelas. Como republicana e feminista, desenvolveu intensa atividade militante a favor do estabelecimento daquele regime político e pela dignificação do estatuto da mulher. Colaborou na imprensa feminista da época e, designadamente, na revista *Alma Feminina*, que também dirigiu (1920-29). Promoveu os primeiros congressos abolicionistas da prostituição, participou na fundação da *Liga Republicana das Mulheres Portuguesas* (1909), do *Conselho Nacional das Mulheres Portuguesas* (1914) e das *Ligas da Bondade*. Foi Presidente da *Cruzada Nacional das Mulheres Portuguesas* e colaborou também na organização do *1° Congresso Feminista e de Educação* (1924). Participou ainda no Congresso Feminista de Gant (1913) e representou o governo português no 1º Congresso Feminista Internacional (1923) que decorreu na Itália. Desiludida com a nova situação política do país resultante da imposição da ditadura do Estado Novo (1926), partiu para Angola, onde se dedicou sobretudo à medicina.

ADELAIDE CABETE E A MAÇONARIA

Iniciada (1907) na Loja "*Humanidade*" (Lisboa), com o nome simbólico de *Louise Michel*, manteve-se sempre ligada àquela oficina, quer no período em que a loja esteve ligada ao Grande Oriente Lusitano Unido (1904-14 e 1920-23), quer quando se tornou independente (1914-20), quer ainda quando aderiu à Maçonaria do Direito Humano (1923).

Foi Venerável da loja durante vários anos e Grã-Mestra do Areópago Teixeira Simões (1926).

Túmulo de Adelaide Cabete.

REFERÊNCIAS BIBLIOGRÁFICAS

BARREIRA, L. C. Imprensa de educação e ensino: fonte privilegiada para uma história da educação do trabalhador urbano em Portugal nas primeiras décadas do século XX. http://www.faced.ufu.br/colubhe06/anais/arquivos/24LuizCarlos

Barreira.pdf. Acesso em 08 maio 2010.

CENTRO DE INVESTIGAÇÃO E INTERVENÇÃO EDUCATIVA, Deolinda Lopes Vieira Quartim. http://www.fpce.up.pt/ciie/m_ferreira_DLVQ.doc. Acesso em: 08 maio 2010.

Irmã Voltairine

Anarquista e Revolucionária

Voltairine de Cleyre (17 de novembro de 1866 – 20 de junho de 1912) foi uma ativista anarquista norte-americana. Foi considerada por Emma Goldman[44] *como "a mais dadivosa e brilhante anarquista já nascida nos Estados Unidos". Na atualidade ela é pouco conhecida, segundo alguns historiadores, em consequência da pouca circulação de seus escritos bem como do curto período de vida.*

Voltairine de Cleyre

[44] Emma Goldman (Kaunas, 27 de junho de 1869 – Toronto, 14 de maio de 1940) foi uma anarquista conhecida por seu ativismo, seus escritos políticos e conferências que reuniam milhares de pessoas nos Estados Unidos. Teve um papel fundamental no desenvolvimento do anarquismo na América do Norte na primeira metade do século XX.

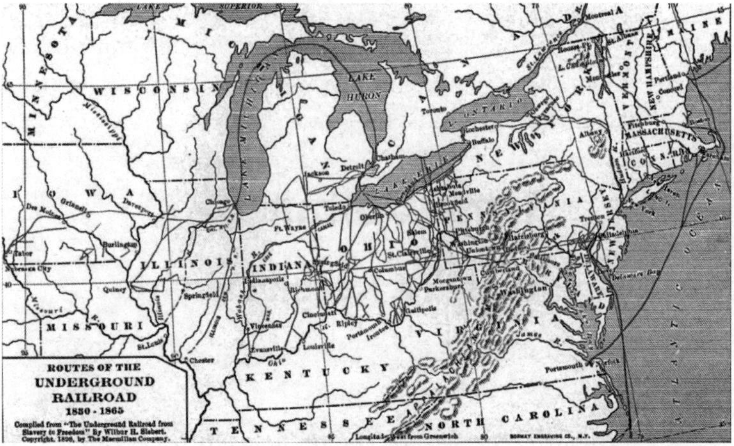

Famosa Underground railroad

Voltairine de Cleyre nasceu na pequena cidade de Leslie, Michigan, em uma família extremamente pobre que possuía laços com o movimento abolucionista estadunidense. Alguns de seus parentes participaram da famosa Underground railroad[45], uma rede clandestina que auxiliou dezenas de milhares de escravos em suas fugas para territórios sem escravidão.

Seu nome foi escolhido em homenagem ao famoso Maçom e filósofo francês Voltaire – fatos de sua biografia que contribuiriam para a formação de sua retórica libertária pouco depois de sua adolescência.

Ainda adolescente foi matriculada em um convento Católico em Sarnia, Ontário, Canadá, já que seu pai não podia sustentar a família que estava à beira do desespero. Esta experiência teve o

[45] O Underground Railroad era uma rede de rotas clandestinas existente nos Estados Unidos da América durante o século 19, que era usada para a fuga de escravos africanos para os estados do norte ou para o Canadá, que eram livres da escravidão, com a ajuda de abolicionistas. Outras rotas levaram-nos para o México. É estimado que de 1810 até 1850 mais ou menos 30.000 a 100.000 escravos fugiram com a ajuda do Underground Railroad, mas o censo estadunidense calcula somente 6.000. O Underground Railroad se transformou em um símbolo de liberdade, e é algo muito importante na história dos escravos dos Estados Unidos da América.

efeito de aproximá-la mais do ateísmo do que do Cristianismo. Sobre o tempo que passou lá ela disse: "Este tem sido como o Vale das Sombras da Morte, existem cicatrizes brancas em minha alma, onde a ignorância e superstição queimaram-me com seu fogo infernal nesses dias sufocantes". Mais de uma vez ela tentou fugir, uma delas nadando na água gélida do Porto de Huron Michigan, e andando 17 milhas ao fim das quais acabou por encontrar amigos de sua família que contataram seu pai e a mandaram de volta. De nada adiantaria, pouco tempo depois ela conseguiu fugir novamente para nunca mais voltar.

Após o período no convento, De Cleyre se envolveu com o movimento intelectual anticlerical Movimento Livre-Pensador[46] contribuindo com artigos para periódicos do Movimento Livre--Pensador.

> *O Movimento Livre-Pensador do século XIX na América do Norte e Europa Ocidental finalmente tornou possível para o cidadão comum a rejeição da fé cega e superstição sem o risco de perseguição. A influência da ciência e tecnologia, conjuntamente com os desafios à ortodoxia religiosa por célebres livres-pensadores como Mark Twain e Robert G. Ingersoll trouxeram elementos da filosofia humanista até mesmo para igrejas cristãs tradicionais, que se tornaram mais preocupadas com este mundo, e menos com o próximo. No século XX cientistas, filósofos e teólogos progressistas começaram a organizar-se num esforço para*

[46] Pensamento livre, ponto de vista, filosófico ou não, que sustenta que os fenômenos e todas as coisas devem ser formados a partir da ciência, da lógica e da razão, e não devem ser influenciados por nenhuma tradição, autoridade ou qualquer dogma, cujo adepto se proclama livre-pensador e cuja aplicação por vezes é chamada de livre pensar. Sua popularidade se deve principalmente aos pensadores de meados do século XVIII e século XIX cuja meta era desenvolver o raciocínio liberto e em contraposição a qualquer influência de ideias preconcebidas, desenvolvendo assim pressupostos científicos e filosóficos livres de quaisquer elementos dogmáticos. Na política, o pensamento livre é fruto das correntes políticas progressistas dos séculos XVII e XVIII, de onde proveio o liberalismo político. Entre os mais famosos livres--pensadores estão Robert Green Ingersoll, Gotthold Ephraim Lessing e Francisco Ferrer y Guardia e Voltairine de Cleyre.

promover a alternativa humanista às tradicionais perspectivas baseadas na fé. Esses primeiros organizadores classificaram o humanismo como uma religião não teísta que preencheria a necessidade humana de um sistema ético e filosófico organizado para orientar as nossas vidas, uma "espiritualidade" sem o sobrenatural. Nos últimos trinta anos, aqueles que rejeitam o sobrenaturalismo enquanto opção filosófica viável adotaram o termo "Humanismo Secular" para descrever sua postura de vida não religiosa.

Durante o tempo em que esteve no movimento livre-pensador em meados e no final da década de 1880, De Cleyre foi especialmente influenciada por Thomas Paine[47], Mary Wollstonecraft[48], e Clarence Darrow[49]. Outras influências durante sua vida foram Henry David Thoreau[50], Bill Haywood[51], e mais tarde Eugene Debs[52]. Após a eclosão dos protestos durante a Revolta de Haymarket[53] em 1887,

---

47 Thomas Paine (29 de janeiro de 1737, Thetford (Condado de Norfolk), Inglaterra – 8 de junho de 1809, Estados Unidos) foi um político britânico, além de panfleteiro, revolucionário, radical, inventor, intelectual e um dos Pais Fundadores dos Estados Unidos da América. Viveu na Inglaterra até os 37 anos, quando imigrou para as colônias britânicas na América, a tempo de participar da Revolução Americana. Suas principais contribuições foram os amplamente lidos *Common Sense* (1776), advogando a independência colonial americana do Reino da Grã-Bretanha, e *The American Crisis* (1776–1783), uma série de panfletos revolucionários.

48 Mary Wollstonecraft (Londres, 27 de abril de 1759 – Londres, 10 de setembro de 1797) foi uma escritora britânica. É considerada uma das pioneiras do moderno feminismo com a publicação da obra *A Vindication of the Rights of Woman* (em português, *Uma Defesa dos Direitos da Mulher*), em 1790.

49 Clarence Darrow (18 de abril de 1857 em Kinsman, Ohio – 13 de março de 1938 em Chicago, Illinois) foi um advogado americano, ficou conhecido por ter defendido os adolescentes assassinos (thrill killers) Leopold and Loeb no seu julgamento pelo assassinato de Bobby Franks (de 14 anos) e por ter defendido John T. Scopes no julgamento que ficou conhecido como "Monkey Trial", se opondo ao defensor fundamentalista cristão William Jennings Bryan. Ele seguiu conhecido por sua astúcia, compaixão e agnosticismo que o marcaram como um dos mais famosos advogados americanos e defensores dos direitos civis.

50 Henry David Thoreau (Concord, 12 de julho de 1817 – Concord, 6 de maio de 1862) foi um autor norte-americano, poeta, naturalista, ativista anti-impostos, crítico da ideia de desenvolvimento, pesquisador, historiador, filósofo, e transcendentalista. Ele é mais conhecido por seu livro *Walden*, uma reflexão sobre a vida simples cercada pela natureza, e por seu ensaio *Desobediência Civil,* uma defesa da desobediência civil individual como forma de oposição legítima frente a um estado injusto.

51 William Dudley Haywood (04 de fevereiro de 1869 – 18 de maio de 1928), mais conhecido como "Big Bill" Haywood, foi membro fundador e líder da Industrial Workersofthe World (IWW), e membro do Comitê Executivo do Partido Socialista da América. Durante as duas primeiras décadas do século 20, ele esteve envolvido em greves têxteis em Massachusetts e Nova Jersey.

porém ela tornou-se uma anarquista. "Até então eu acreditava na justiça essencial da Lei Americana de julgamento por júri," ela escreveu em um ensaio autobiográfico. "Após aquilo eu nunca pude."

Ela também foi conhecida como uma ótima discursista e escritora – na opinião do biógrafo Paul Avrich[54], ela teve "um talento literário maior do que qualquer outro Anarquista Americano" – e como uma incansável defensora da causa anarquista, cujo "zelo religioso", segundo Goldman, "marcou tudo que ela fez".

Ela foi próxima e inspirada por Dyer D. Lum[55] ("seu professor, seu confiado, seu camarada" nas palavras de Goldman) até Lum cometer suicídio em 1893. Em 12 de junho de 1890, ela teve um filho, Harry, criado pelo livre-pensador James B. Elliot; contudo, a criança foi tomada dela quando ela se recusou a viver com Elliot.

Durante sua vida ela foi afetada por doenças e depressão, tentando suicídio em pelo menos duas ocasiões e sobrevivendo a uma tentativa de assassinato em 19 de dezembro de 1902. A tentativa de assassinato seria cometida por Herman Helcher, um ex-aluno seu que havia sido diagnosticado portador de crises de insanidade,

---

52 Eugene Debs Victor (05 de novembro de 1855 – 20 de outubro de 1926) foi um líder sindical americano, um dos membros fundadores da União Internacional do Trabalho e da Industrial Workers of the World (IWW), e várias vezes o candidato do Partido Socialista da América para presidente dos Estados Unidos. Através de sua candidatura presidencial, bem como seu trabalho com movimentos trabalhistas, Debs, eventualmente, se tornou um dos socialistas mais conhecidos que vivem nos Estados Unidos.

53 A Revolta de Haymarket aconteceu no dia 4 de maio em 1886 na cidade de Chicago, Illinois, e é considerada uma das origens das comemorações internacionais do "1º de Maio", o dia do trabalho. Durante uma manifestação pacífica a favor do regime de 8 horas de trabalho, uma bomba estourou junto ao local onde policiais estavam posicionados, matando um imediatamente e ferindo outros 7 que morreram mais tarde. A polícia imediatamente abriu fogo contra os manifestantes, ferindo dezenas e matando onze. Os oito organizadores da manifestação, militantes anarquistas, foram presos e incriminados pelo acontecimento, mesmo na ausência de evidências que os conectassem com o lançamento da bomba. Uma grande campanha foi organizada para salvar os mártires de Chicago. Finalmente, quatro deles foram executados, um cometeu suicídio antes do enforcamento, e os três remanescentes receberam sentenças de prisão que foram revogadas em 1893, quando o governador concluiu que todos os oito acusados eram inocentes.

54 Paul Avrich (4 de agosto de 1931 – 16 de fevereiro de 2006) foi um professor e historiador. Ele ensinava no Queens College, New York, durante quase toda sua vida e foi imprescindível na preservação da história do movimento anarquista na Rússia e nos Estados Unidos.

55 Daniel Dyer Lum (1839 - 06 abril de 1893) era um ativista do século 19, poeta e anarquista americano. Líder anarcossindicalista e um intelectual de esquerda proeminente da década de 1880, ele é lembrado como o amante e mentor da anarcofeminista Voltairine de Cleyre.

e que ela perdoou imediatamente depois do ato. Posteriormente escreveria De Cleyre:

> *"Teria sido um ultraje contra a civilização se fôssemos mandados para a prisão por um ato produzido por um cérebro doente."*

O ataque, no entanto, deixaria a libertária com sequelas permanentes na forma de uma dor de ouvido crônica e uma infecção na garganta que, com frequência e de forma crônica, afetavam sua habilidade de discursar e a sua concentração. Morreu em 20 de junho de 1912, no Hospital St. Mary of Nazareth em Chicago, Illinois, de meningite séptica. Ela foi enterrada no Cemitério Waldheim (atual Cemitério Forest Home), em Forest Park, Chicago.

A perspectiva política de Voltairine de Cleyre mudou ao longo de sua vida, e acabou levando-a a tornar-se uma defensora ardorosa do "anarquismo sem adjetivos", uma doutrina, de acordo com o historiador George Richard Esenwein, "sem qualquer etiqueta de qualificação como comunista, coletivista, mutualista, ou individualista. Para outros, [...] era simplesmente entendido como uma atitude de tolerância a coexistência de diferentes escolas anarquistas."

Por muitos anos Cleyre esteve ligada primeiramente com o meio anarcoindividualista americano. Sua prematura adesão ao individualismo pode ser notada na maneira que ela diferenciava-se de Emma Goldman:

> *A senhora Goldman é uma comunista, eu sou uma individualista. Ela quer destruir o direito de propriedade, eu gostaria de afirmar isso. Eu faço a minha guerra contra o privilégio e a autoridade, mediante ao direito de propriedade, o direito real que é próprio do indivíduo é aniquilado. Ela acredita que a cooperação suplantaria inteiramente a concorrência, eu mantenho que a concorrência de uma forma ou outra sempre vai existir, e que é altamente desejável que exista.*

Apesar da antipatia prematura entre as duas, Goldman e Voltairine respeitaram-se intelectualmente. Em seu ensaio de 1894 "Em Defesa de Emma Goldman e o direito de expropriação", Voltairine escreveu em apoio ao direito de expropriação mantendo-se neutra em sua defesa:

> *Eu não acho que nem um pouco de carne humana vale a pena todos os direitos de propriedade na cidade de NY [...] eu digo que é da sua conta decidir se você vai morrer de fome e congelar por falta de comida e roupas, fora da cadeia, ou cometer algum ato aberto contra a instituição da propriedade e tomar o seu lugar ao lado Timmermann e Goldman.*

Eventualmente, no entanto, De Cleyre foi movida a rejeitar o individualismo. Em 1908, ela argumentou "que a melhor coisa que os trabalhadores e mulheres poderiam fazer seria organizar sua indústria para juntos abolirem o dinheiro" e "produzir juntos, cooperativamente ao invés de como empregador e empregado".

Voltairine de Cleyre

Em 1912, ela argumentou que a falha da Comuna de Paris foi devido ao "respeito à propriedade [privada]".

A Comuna de Paris foi o primeiro governo operário da história, fundado em 1871 na capital francesa, por ocasião da resistência popular ante a invasão alemã. A história moderna registra algumas experiências de regimes comunais, impostos como afirmação revolucionária da autonomia da cidade. A mais importante delas – a Comuna de Paris – veio no bojo da insurreição popular de 18 de março de 1871. Durante a guerra franco-prussiana, as províncias francesas elegeram para a Assembleia Nacional uma maioria de deputados monarquistas francamente favorável à capitulação ante a Prússia. A população de Paris, no entanto, opunha-se a essa política. Thiers, elevado à chefia do Gabinete conservador, tentou esmagar os insurretos. Estes, porém, com o apoio da Guarda Nacional, derrotaram as forças legalistas, obrigando os membros do governo a abandonar precipitadamente a capital francesa, onde o comitê central da Guarda Nacional passou a exercer sua autoridade. A Comuna de Paris – considerada a primeira República Proletária da história – adotou uma política de caráter socialista, baseada nos princípios da Primeira Internacional. O poder comunal manteve-se durante cerca de quarenta dias. Seu esmagamento revestiu-se de extrema crueldade. De acordo com a enciclopédia Barsa, mais de 20 000 ***communards*** *foram executados pelas forças de Thiers. O governo durou oficialmente de 26 de março a 28 de maio, enfrentando não só o invasor alemão como também tropas francesas, pois a Comuna era um movimento de revolta ante o armistício assinado pelo governo nacional (transferido para Versalhes) após a derrota na Guerra Franco-Prussiana. Os alemães tiveram ainda que libertar militares franceses feitos prisioneiros de guerra, para auxiliar na tomada de Paris.*

Em seu ensaio, "*The Commune Is Risen*", ela afirma que "Em suma, embora houvesse outras razões pelas quais a Comuna caiu, para o chefe, uma foi que, na hora de necessidade, os Communards não eram mais Comunistas. Eles tentaram quebrar as prisões políticas sem quebrar as [prisões] econômicas [...]."

"Socialismo e comunismo demandam um grau de esforço

conjunto e administração que geram mais regulamentação do que é o coerente com o Anarquismo ideal; Individualismo e Mutualismo, descansando sobre a propriedade, envolvem o desenvolvimento da polícia privada, absolutamente incompatível com a minha noção de liberdade." Como alternativa, ela se tornou uma das mais proeminentes defensoras do anarquismo sem adjetivos. Em *The Making of na Anarchist*, ela escreveu: "Eu já não me rotulo, exceto como 'anarquista' simplesmente."

Alguma discordância existente quanto à rejeição ou não de Voltairine de Cleyre ao individualismo constitui em um abraço ao comunismo. Rudolf Rocker[56] e Emma Goldman afirmaram tal coisa, mas outros, incluindo o biógrafo Paul Avrich, tomaram como exceção. Cleyre, ela mesma, em resposta a alegações de que tinha sido uma anarcocomunista[57], afirmou em 1907 que "eu não sou agora e nunca fui, em qualquer momento, uma comunista."

"Direct Action", seu ensaio de 1912 em defesa da ação direta, é muito citado nos dias atuais. Nesse ensaio, De Cleyre colocou exemplos como a Festa do Chá de Boston[58], notando que a

---

[56] Johann Rudolf Rocker (Mainz, 25 de março de 1873 – Crompond, 19 de setembro de 1958) foi um propagandista, escritor e orador anarquista, defensor do sindicalismo revolucionário. Rocker era de origem judaica, havia nascido na Alemanha e morado em diversos países europeus até imigrar para os Estados Unidos junto com sua companheira e também ativista libertária, Milly Witkop. Apesar de sua simpatia pelo anarcossindicalismo, Rudolf Rocker se autoproclamava um anarquista sem adjetivos considerando as diferentes vertentes do pensamento anarquista como "apenas métodos diferentes de economia", nesse sentido o primeiro objetivo para os anarquistas deveria ser "garantir a generalização da liberdade pessoal e social a todos os homens".

[57] Anarcocomunismo foi a vertente do comunismo adotada pela tradição teórica de alguns autores anarquistas. Num regime comunista libertário, a propriedade privada e o Estado seriam abolidos e a sociedade seria organizada através de federações de trabalhadores que gerenciariam a produção e todas as esferas de decisão por meio da democracia direta. O dinheiro seria abolido, e valeria a máxima de *"cada um de acordo com suas capacidades, a cada um de acordo com suas necessidades"*.

[58] A Festa do Chá de Boston (em inglês "*The Boston Tea Party*") foi uma ação de protesto executada pelos colonos ingleses na América contra o governo britânico, no qual destruíram muitos caixotes de chá pertencentes à Companhia Britânica das Índias Orientais atirando-os às águas do Porto de Boston. O incidente, que teve lugar a 16 de dezembro de 1773, constituiu-se em um evento-chave no desenrolar da Revolução Americana e permanece como um acontecimento-ícone na História dos Estados Unidos. Os colonos disfarçaram-se de índios para invadir os navios da Companhia e atirar a carga de chá ao mar. O mentor do protesto, John Hancock, viria a ser Governador.

ação direta sempre foi usada, e tem a sanção histórica das mesmas pessoas que agora a reprovam.

Voltairine de Cleyre foi uma proeminente anarquista americana, e como uma das primeiras mulheres de renome no movimento anarquista, ela foi aclamada por Emma Goldman como "a mais talentosa e brilhante anarquista que a América já produziu". Hoje ela não é muito conhecida, alguns biógrafos como Sharon Presley atribuem isso ao seu curto tempo de vida. Um coleção de seus discursos, *The Fisrt Mayday: The Haymarket Speeches, 1895-1910*, foi publicado pelo Libertarian Book Club em 1980 e, em 2004, a AK Press liberou *The Voltairine de Cleyre Reader*. Em 2004, mais duas coleções de seus artigos e discursos foram publicados – *Exquisite Rebel: The Essays of Voltairine De Cleyre – Anarchist, Feminist, Genius* editado por Presley e Crispin Sartwelle, publicado pela SUNY Press, e o outro, *Gates of Freedom: Voltairine De Cleyre and the Revolution of the Mind*, da University of Michigan Press

BIBLIOGRAFIA

STEVENS, F.; TABASH, E.; HILL, T., SIKES, M. E.; FLYNN,T. O que é o Humanismo Secular? http://www.humanismosecular.org/humanismo-secular

WIKIPEDIA. Voltairine de Cleyre. http://pt.wikipedia.org/wiki/Voltairine_de_Cleyre

Editora Maçônica

A TROLHA

Redação, Diagramação,
Composição, Revisão, Arte-Final.

Rua Castro Alves, 835 – Jd. Shangri-lá A
Fone: (43) **3337-1982** – Fax: (43) **3326-0915**
CEP 86070-670 – Londrina – Paraná

Home Page: http://www.atrolha.com.br
E-Mail: redacao@atrolha.com.br